www.ingramcontent.com/pod-product-compliance
Lightning Source LLC
LaVergne TN
LVHW050954051026
849532LV00005B/1838
9789358723540

مذہبی فکر و نظر : حصہ - ۲

(مضامین)

(مجلہ 'صدائے شبلی' [حیدرآباد] کے شماروں سے منتخب شدہ مضامین)

مرتب:

ڈاکٹر محامد ہلال اعظمی

Mazhabi Fikr-o-Nazr - Part:2 *(Essays)*
by: Dr Muhamid Hilal Azmi
Edition: May '2024
Publisher :
Taemeer Publications LLC (Michigan, USA / Hyderabad, India)

ISBN 978-93-5872-354-0

کتاب	:	**مذہبی فکر و نظر: حصہ-۲** (مضامین)
مرتب	:	**ڈاکٹر محامد ہلال اعظمی**
صنف	:	غیر افسانوی نثر
ناشر	:	تعمیر پبلی کیشنز (حیدرآباد، انڈیا)
سالِ اشاعت	:	۲۰۲۴ء
صفحات	:	۵۴
سرورق ڈیزائن	:	تعمیر ویب ڈیزائن

فہرست

اخلاقِ نبوی صلی اللہ علیہ وسلم

علامہ شبلی نعمانیؒ

عمیر بن وہب آنحضرت ﷺ کا سخت دشمن تھا، مقتولینِ بدر کے انتقام کے لیے جب سارا قریش بے تاب تھا، تو صفوان بن امیہ نے اس کو بیش قرار انعام کے وعدہ پر مدینہ بھیجا تھا کہ وہ چپکے سے جا کر نعوذ باللہ آنحضرت ﷺ کا کام تمام کردے، عمیر اپنی تلوار زہر میں بجھا کر مدینہ آیا، لیکن وہاں پہنچنے کے ساتھ اس کو تیور دیکھ کر لوگوں نے پہچان لیا، حضرت عمرؓ نے اس کے ساتھ سختی کرنی چاہی لیکن آپ ﷺ نے منع فرمایا اور اپنے قریب بٹھا کر اس سے باتیں کیں اور اصلی راز ظاہر کردیا، یہ سن کر وہ سناٹے میں آ گیا لیکن آپ ﷺ نے اس سے کوئی تعرض نہیں فرمایا، یہ دیکھ کر وہ اسلام لایا اور مکہ میں جا کر دعوتِ اسلام پھیلائی، یہ واقعہ ۲ ہجری کا ہے۔

ایک دفعہ آپ ﷺ ایک غزوہ سے واپس آ رہے تھے، راہ میں ایک میدان آیا، دھوپ تیز تھی، لوگوں نے درختوں کے نیچے بستر لگا دیئے، آنحضرت ﷺ نے بھی ایک درخت کے نیچے آرام فرمایا، تلوار درخت کی شاخ سے لٹکا دی، کفار موقع کے منتظر رہتے تھے، لوگوں کو غافل دیکھ کر ناگاہ ایک طرف سے ایک بدو نے آ کر بے خبری میں تلوار اتار لی، دفعتًا آپ ﷺ بیدار ہوئے تو دیکھا کہ ایک شخص سرہانے کھڑا ہے اور ننگی تلوار اس کے ہاتھ میں ہے، آپ ﷺ کو بیدار دیکھ کر بولا "کیوں محمد ﷺ! اب بتاؤ تم کو اس وقت مجھ سے کون بچا سکتا ہے؟" آپ ﷺ نے فرمایا "اللہ" یہ پُر اثر آواز سن کر اس نے تلوار نیام میں کرلی، اتنے میں صحابہؓ آ گئے، آپ ﷺ نے ان سے واقعہ دہرایا اور بدو سے کسی قسم کا تعرض نہیں فرمایا۔

ایک دفعہ ایک اور شخص نے آپ ﷺ کے قتل کا ارادہ کیا، صحابہؓ اس کو گرفتار کرکے آنحضرت ﷺ کے سامنے لائے، وہ آپ کو دیکھ کر ڈر گیا، آپ ﷺ نے اس کو مخاطب کرکے فرمایا "ڈرو نہیں اگر تم مجھے قتل کرنا چاہتے بھی تو نہیں کرسکتے تھے"

صلح حدیبیہ کے زمانہ میں ایک دفعہ اسّی آدمیوں کا ایک دستہ منھ اندھیرے جبل تنعیم سے اتر کر آیا ور چھپ کر آنحضرت ﷺ کو قتل کرنا چاہا، اتفاق سے وہ لوگ گرفتار ہوگئے لیکن آنحضرت ﷺ نے ان کو چھوڑ دیا اور کچھ تعرض نہیں کیا، قرآن مجید کی یہ آیت اسی واقعہ کے متعلق نازل ہوئی ہے: وَهُوَ الَّذِیْ كَفَّ اَیْدِیَهُمْ عَنْكُمْ وَاَیْدِیَكُمْ عَنْهُمْ. (فتح۔۴۸:۲۴) اسی خدا نے ان کے ہاتھ تم سے اور تمہارے ہاتھ ان سے روک لیے۔

خیبر میں ایک یہودیہ نے آنحضرت ﷺ کو کھانے میں زہر دیا، آپ ﷺ نے کھانا کھایا تو زہر کا اثر محسوس کیا، آپ ﷺ نے یہودیوں کو بلا کر دریافت کیا تو انھوں نے اقرار کیا لیکن آپ ﷺ نے کسی سے کچھ تعرض نہیں فرمایا، لیکن اسی زہر کے اثر سے جب ایک صحابی نے انتقال کیا تو آپ ﷺ نے صرف اس یہودیہ کو قصاص کی سزا دی (حالانکہ خود آنحضرت ﷺ کو زہر کا اثر مرتے دم تک محسوس ہوتا رہتا تھا) (سیرۃ النبیؐ، جلد: دوم، ص: ۲۹۸-۲۹۹)

اخلاقِ نبوی صلی اللہ علیہ وسلم

علامہ شبلی نعمانیؒ

دشمنوں کے حق میں دعائے خیر: دشمنوں کے حق میں بددعا کرنا انسان کی فطری عادت ہے، لیکن پیغمبروں کا مرتبہ عام انسانی سطح سے بدرجہا بلند ہوتا ہے، جو لوگ ان کو گالیاں دیتے ہیں وہ ان کے حق میں دعائے خیر کرتے ہیں اور جو ان کے تشنۂ خون ہوتے ہیں وہ ن کو پیار کرتے ہیں، ہجرت سے قبل مکہ میں مسلمانوں پر اور خود آنحضرت ﷺ پر جو پیہم مظالم ہورہے تھے، اس داستان کے دہرانے کے لیے بھی سنگ دلی درکار ہے، اسی زمانہ میں خبابؓ بن ارت ایک صحابی نے عرض کی کہ یا رسول اللہ ﷺ! دشمنوں کے حق میں بددعا فرمائیے، یہ سن کر چہرۂ مبارک سرخ ہوگیا۔ ایک دفعہ چند صاحبوں نے مل کر اسی قسم کی بات کہی تو فرمایا کہ ''میں دنیا کے لیے لعنت نہیں بلکہ رحمت بنا کر بھیجا گیا ہوں۔''

وہ قریش جنھوں نے تین برس تک آپ ﷺ کو محصور رکھا اور جو آپ ﷺ کے پاس غلہ کے ایک دانہ کے پہنچنے کے کے روادار نہ تھے، ان کی شرارتوں کی پاداش میں دعائے نبوی ﷺ کی استجابت نے ابرِ رحمت کا سایہ ان کے سر سے اٹھالیا اور مکہ میں اس قدر قحط پڑا کہ لوگ ہڈی اور مردار کھانے لگے، ابوسفیان نے آنحضرت ﷺ کی خدمت میں حاضر ہوکر عرض کی کہ ''محمد ﷺ! تمہاری قوم ہلاک ہورہی ہے، خدا سے دعا کرو کہ یہ مصیبت دور ہو۔'' آپ ﷺ نے بلا عذر فوراً دعا کے لیے ہاتھ اٹھائے اور خدا نے اس مصیبت سے ان کو نجات دی۔

جنگِ احد میں دشمنوں نے آپ ﷺ پر پتھر پھینکے، تیر برسائے، تلواریں چلائیں، دندانِ مبارک کو شہید کیا، جبین اقدس کو خون آلودہ کیا، لیکن ان حملوں کا وار آپ ﷺ نے جس سپر پر روکا وہ صرف یہ دعا تھی:

اَللّٰھُمَّ اھْدِ قومی فانّھم لایعلمون.

خدایا، ان کو معاف کرنا کہ یہ نادان ہیں۔

وہ طائف جس نے دعوت اسلام کا جواب استہزا اور تمسخر سے دیا تھا، وہ طائف جس نے داعیٔ اسلام کو اپنی پناہ میں لینے سے انکار کردیا تھا، وہ طائف جس نے پائے مبارک کو لہولہان کیا تھا، ان کی نسبت فرشتۂ غیب پوچھتا ہے کہ حکم ہو تو ان پر پہاڑ الٹ دیا جائے، جواب ملتا ہے کہ ''شاید ان کی نسل سے کوئی خدا کا پرستار پیدا ہو'' دس بارہ برس کے بعد یہی طائف اسلام کی دعوت کا جواب تیر و تفنگ (منجنیق) سے دیتا ہے، جاں نثاروں کی لاشیں پر لاشیں گر رہی ہیں، صحابہؓ عرض کرتے ہیں کہ ''یارسول اللہ ﷺ! ان کے حق میں بددعا کیجئے''۔ آپ ﷺ دعا کے لئے ہاتھ اٹھاتے ہیں، لوگ سمجھتے ہیں کہ حضور ان کے حق میں بددعا فرمائیں گے لیکن زبان مبارک سے یہ الفاظ نکلتے ہیں ''خداوند! ثقیف (اہل طائف) کو اسلام نصیب کر اور دوستانہ ان کو مدینہ لا'' وہ تیر جو میدان جنگ میں نشانہ پر نہیں لگے تھے، وہ مدینہ کے صحنِ مسجد میں زبان مبارک سے نکل کر ٹھیک اپنے ہدف پر پہنچے، یعنی وہ مدینہ آکر خاص مسجد نبوی ﷺ میں بیٹھ کر، جہاں وہ مہمان ٹھہرائے گئے تھے، مسلمان ہوئے۔ (سیرۃ النبیؐ، جلد: دوم، ص: ۲۹۹-۳۰۰)

مولوی حبیب الرحمن۔ حیدرآباد

دینِ فطرت

قرآن مجید رشد و ہدایت کا سر چشمہ ہونے کے علاوہ انسان کے سنوار و بگاڑ کی ایک مکمل و مستند تاریخ بھی ہے۔ اس میں انسانی برادری کے بگاڑ کی حقیقی علت عقیدۂ آخرت کے فساد ہی کو قرار دیا گیا ہے۔ آج کی ترقی یافتہ دنیا بھی اسی جہل و نادانی میں مبتلا ہے اور اسی تاریکی میں ٹھوکریں کھاتی ہوئی ہلاکت و بربادی کی طرف جارہی ہے۔ یہ غلط تصور جاگزیں ہے کہ اس زندگی کے بعد کوئی زندگی نہیں ہے۔ انسانی زندگی کا نہ کوئی مقصد و مدعا ہے اور نہ آخری انجام، زندگی کا یہ نظام عبث و باطل ہے۔ گویا انسان ایک شترِ بے مہار ہے جس کا کوئی مالک نہیں جس طرح چاہے زندگی گزارے اور مرجائے۔ ایسے لوگ حق سے روگرداں ہیں، اپنی فطرت ہی سے اندھے بنے ہوئے ہیں، اپنے فطری مطالبات کو سمجھنے سے قاصر ہیں، ان کی نظر تو اس دنیا کے محدود دائرے سے آگے جا ہی نہیں سکتی۔ وہ سمجھتے ہیں کہ جو کچھ ہے دنیا ہی دنیا ہے اس کے بعد نہ جینا ہے اور نہ جینے کے لوازم۔ ”وَقَالُوْٓا اِنْ هِيَ اِلَّا حَيَاتُنَا الدُّنْيَا وَمَا نَحْنُ بِمَبْعُوْثِيْنَ“ (سورہ الانعام: 29) ترجمہ: (اور انہوں نے کہا اس دنیا کی زندگی کے سوا کوئی زندگی ہے اور نہ ہم پھر اٹھائے جائیں گے۔)

حیاتِ بعد الموت کے قرآنی وفطری دلائل

انسان کی فطرت اور اس کی فطری خواہشات سے ظاہر ہے کہ انسان مخلوق ہے، محکوم ہے اور اس کا مخلوق و محکوم ہونا اس بات کی علامت ہے کہ اس کا ایک خالق اور حاکم حقیقی ہے بہ الفاظ دیگر ایک اعلیٰ و عظیم ہستی کا خالق، رب و حاکم ہونا انسان کے مخلوق اور محتاج و محکوم ہونے کی دلیل ہے۔ اللہ اعلیٰ و عظیم کے متعلق یہ تصور ہی نہیں کیا جاسکتا کہ ان کی حاکمیت انسان کی موت کے بعد ختم ہوجائے گی اس کی فرماں روائی حقیقی ہے ”فَتَعٰلَى اللّٰهُ الْمَلِكُ الْحَقُّ“ (سورہ المؤمنون: 116) ترجمہ: (پس اعلیٰ و عظیم اللہ ہی حقیقی فرماں روا ہے۔) حقیقی فرماں روائی کا مطلب ہے لازوال و باقی رہنے والی حالت میں (زندگی)۔ انسان جو اللہ کا بندہ ہے مرنے کے بعد بھی اس کی گرفت سے بچ نہیں سکتا۔ دنیا کے سعی و عمل کو قائم رکھنے والے فرمانروا کی شانِ عدل و رحمت سے بعید ہے کہ وہ بندوں کے اعمال کا صلہ اور بدلہ دینے پر قادر نہ ہو بلکہ شانِ رحمت یہی ہے کہ ایک یومِ حساب قائم ہو اور ایک عالمِ جزاء آباد ہو۔ ”كَتَبَ عَلٰى نَفْسِهِ الرَّحْمَةَ لَيَجْمَعَنَّكُمْ اِلٰى يَوْمِ الْقِيٰمَةِ لَارَيْبَ فِيْهِ“ (سورہ الانعام: 12) ترجمہ: (رحمت ہی اللہ کی شان ہے تم کو ضرور قیامت کے دن اکٹھا کرے گا اس میں کوئی شک نہیں ہے۔) مطلب ظاہر ہے کہ یومِ حساب قائم کرنا اور عالمِ جزاء آباد کرنا رحمت ہی رحمت ہے۔ نیک و بدکار کا ایک ہی انجام، عدل و رحمت دونوں کے منافی ہے۔ چنانچہ ارشاد ہے: ”اَمْ نَجْعَلُ الَّذِيْنَ اٰمَنُوْا وَعَمِلُوا الصّٰلِحٰتِ كَالْمُفْسِدِيْنَ فِي الْاَرْضِ ز اَمْ نَجْعَلُ الْمُتَّقِيْنَ كَالْفُجَّارِ“ (سورہ ص: 28) ترجمہ: (کیا ہم ان لوگوں کو جو ایمان لائے اور انہوں نے اچھے عمل کئے ان کے برابر کردیں گے جو فساد کرتے ہیں زمین میں یا ہم پرہیزگاروں کو بدکاروں کے برابر کردیں گے۔) ایک غیر محدود رحمت والے فرمانروا کی لازوال حکومت کے لئے واقعی و یقینی ہے کہ اپنے مخلص و جاں نثار بندوں کو ان کے اعمال کا ”خیر وابقی“ صلہ عطا کرے اور نافرمان و سرکش بندوں کو ان کے اعمالِ بد کا بدلہ ”لعذاب الاخرة اشد و ابقی“ کی صورت میں دے۔

قرآن مجید میں متعدد مقامات پر یہ ارشاد ہے کہ یہ دنیا جو انسان کے تصرّف واختیار، سعی وجدوجہد کی دنیا ہے اس کو بنانے والے نے باطل و بے مقصد نہیں بنایا ہے۔ "مَا خَلَقَ اللّٰهُ السَّمٰوٰتِ وَالْاَرْضَ وَمَا بَيْنَهُمَآ اِلَّا بِالْحَقِّ وَاَجَلٍ مُّسَمًّى" (سورہ الاحقاف:3) ترجمہ: (اللہ نے آسمانوں اور زمین کو اوران چیزوں کو جوان میں ہیں حکمت سے اور ایک میعاد معین کے لئے پیدا کیا ہے۔) سورہ جاثیہ کے تیسرے رکوع میں "بالحق" حکمت سے بنانے کی وضاحت فرمادی۔ "وَخَلَقَ اللّٰهُ السَّمٰوٰتِ وَالْاَرْضَ بِالْحَقِّ وَلِتُجْزٰى كُلُّ نَفْسٍ بِمَا كَسَبَتْ وَهُمْ لَا يُظْلَمُوْنَ" (سورہ جاثیہ:22) ترجمہ: (اور اللہ نے آسمانوں و زمین کو حکمت سے پیدا کیا تا کہ ہر شخص کو اس کے عمل کا بدلہ دیا جائے اور ان پر ظلم نہ کیا جائے گا۔) جزاء و حساب کا مطلب یہ ہے کہ انسان بے لگام نہیں چھوڑا گیا کہ وہ دنیا میں من مانی زندگی بسر کرے اور فتنہ وفساد پھیلاتا رہے بلکہ اس کے آغاز حیات کا ایک انجام یقینی ہے جو اللہ جل شانہٗ کی قدرتِ کاملہ سے بعید نہیں جس نے ایک بے جان چیز سے جاندار بنایا وہ اس پر بھی قادر ہے کہ بے جان کر کے پھر جاندار بنائے اور جزائے اعمال کے لئے اپنے تمام بندوں کو اپنی حقیقی عدل و انصاف کی عدالت میں حاضر کرے۔ "كَيْفَ تَكْفُرُوْنَ بِاللّٰهِ وَكُنْتُمْ اَمْوَاتًا فَاَحْيَاكُمْ ثُمَّ يُمِيْتُكُمْ ثُمَّ يُحْيِيْكُمْ ثُمَّ اِلَيْهِ تُرْجَعُوْنَ" (سورہ البقرہ:28) ترجمہ: (تم کیسے اللہ کا انکار کرتے ہو (جس کی قدرت کا عالم یہ ہے کہ) تم بے جان تھے تم کو زندہ کیا پھر تم کو موت دے گا اور پھر تم کو زندہ کرے گا پھر تم اسی کی طرف لوٹو گے۔) عقل وفطرت کا یہی فیصلہ ہے، یہی اعلانِ حق ہے۔ قرآن مجید، کلامِ الٰہی جس میں جاہل و نادان انسان کو علم و دانشمندی سکھائی گئی ہے۔ وہ حیاتِ بعد الموت کے یقین آفرین دلائل سے بھرا ہوا ہے کیونکہ اس کے نزول کا مقصد یہی ہے کہ انسان، جاہل انسان علم و عقل سیکھے۔ اپنی اصلی زندگی کو سمجھے، اپنے افکار و اعمال کی اصلاح کرے اور اس کے صلے میں ابدی و اعلیٰ زندگی پائے۔ غرض سعی و جدوجہد، امتحان و آزمائش کا یہ ہنگامہ اپنے پیچھے ایک عالمِ جزا کی نشان دہی کر رہا ہے اور جیسا کہ عرض کیا گیا ہے، انسان فطرتاً حیاتِ ابدی کا طالب ہے اس لئے انسان کی کامیابی یہی ہے کہ وہ ابدی عذاب نار (آگ کے عذاب) سے محفوظ رہے اور ابدی اعلیٰ و غیر فانی زندگی اور اس کے درجات حاصل کرے۔ "فَمَنْ زُحْزِحَ عَنِ النَّارِ وَاُدْخِلَ الْجَنَّةَ فَقَدْ فَازَ" (سورہ ال عمران:185) ترجمہ: (جو دوزخ سے بچالیا گیا اور جنت میں داخل کردیا گیا وہ کامیاب ہوگیا۔) صرف کامیابی ہی نہیں بلکہ بہت بڑی کامیابی "ذٰلِكَ هُوَ الْفَوْزُ الْعَظِيْمُ" (سورہ التوبہ:72، 111، یونس: 64، دخان: 57، الحدید: 12)۔ اللہ تعالیٰ جو بندوں کے لئے ہمہ خیر ہیں اور بندوں کے لئے ابدی بہتری کو پسند کرتے ہیں انہوں نے بندوں کو بندگیٔ رب کی دعوت اسی لئے دی ہے کہ بندے ابدی شاندار و عظیم کامیابی، مغفرتِ الٰہی اور الجنۃ حاصل کریں۔ "وَاللّٰهُ يَدْعُوْٓا اِلَى الْجَنَّةِ وَالْمَغْفِرَةِ بِاِذْنِهٖ" (سورہ البقرہ: 221)۔ اللہ تعالیٰ نہ صرف اس ابدی و اعلیٰ و لازوال زندگی کی طرف بلاتے ہیں بلکہ اس زندگی کے لئے مسابقت کی ترغیب دیتے ہیں۔ "سَابِقُوْٓا اِلٰى مَغْفِرَةٍ مِّنْ رَّبِّكُمْ وَجَنَّةٍ عَرْضُهَا كَعَرْضِ السَّمَآءِ وَالْاَرْضِ" (سورہ الحدید:21) دوڑو (ایک دوسرے سے سبقت لے جاؤ) اپنے رب کی مغفرت اور جنت کی طرف جس کی وسعت آسمان اور زمین کے برابر ہے۔) اور یہی نہیں بلکہ یہ ترغیب بھی دیتے ہیں کہ جلد از جلد اس زندگی کی تیاری کرو۔ "وَسَارِعُوْٓا اِلٰى مَغْفِرَةٍ مِّنْ رَّبِّكُمْ وَجَنَّةٍ" (سورہ ال عمران:133) ترجمہ: (جلدی کرو (دوڑو) اپنے رب کی مغفرت و جنت کی طرف۔) اور یہ کہ حرص کرنے والوں کو اسی زندگی کی حرص کرنی چاہئے۔ "وَفِيْ ذٰلِكَ فَلْيَتَنَافَسِ الْمُتَنَافِسُوْنَ" (سورہ المطففین:26)

دنیا میں فتنہ وفساد کی وجہ

آج ترقی یافتہ دنیا کا ترقی یافتہ انسان روشن خیالی کے زعم میں حیات بعد الموت کو قابلِ مضحکہ (مذاق) اور تعجب خیز

(انہونی) بات سمجھتا ہے حالانکہ یہ سراسر تاریک خیالی اور جہل ہے۔ ہر زمانہ میں یہی ہوتا رہا کہ انجام آخرت کو بھولے ہوئے انسانوں کے سامنے، ابدی حیاتِ بعد الموت کا فطری و حقیقی نظریہ پیش کیا گیا تو انہوں نے تعجب ہی کیا یعنی اس کو انہونی سمجھا اور پیش کرنے والوں کو جادوگر کہہ دیا"اَكَانَ لِلنَّاسِ عَجَبًا اَنْ اَوْحَيْنَآ اِلٰى رَجُلٍ مِّنْهُمْ اَنْ اَنْذِرِ النَّاسَ وَبَشِّرِ الَّذِيْنَ اٰمَنُوْٓا اَنَّ لَهُمْ قَدَمَ صِدْقٍ عِنْدَ رَبِّهِمْ قَالَ الْكٰفِرُوْنَ اِنَّ هٰذَا لَسٰحِرٌ مُّبِيْنٌ" (سورہ یونس:2) ترجمہ: (کیا لوگوں کو تعجب ہے کہ ہم نے اُن میں سے ایک شخص کے پاس وحی بھیجی کہ سب انسانوں کو (اللہ تعالیٰ کی نافرمانی کے ابدی بُرے انجام سے) ڈراؤ اور جو ایمان لے آئیں ان کو خوش خبری سناؤ کہ (مرنے کے بعد) اُن کے رب کے پاس اُن کے لئے سچائی کا بدلہ و درجہ ہے تو کافروں نے کہا کہ یہ تو بلاشبہ جادوگر ہے۔) واقعہ تو یہ ہے کہ ابدی حیات بعد الموت کا فطری مطالبہ رکھ کر بھی اس سے انکار کرنا تعجب خیز ہے۔"وَاِنْ تَعْجَبْ فَعَجَبٌ قَوْلُهُمْ ءَاِذَا كُنَّا تُرٰبًا ءَاِنَّا لَفِيْ خَلْقٍ جَدِيْدٍ" (سورہ الرعد:5) ترجمہ: (اور اگر آپ کو تعجب ہو تو واقعی ان کا یہ قول تعجب ہی کے قابل ہے کہ جب ہم مرکر مٹی ہو جائیں گے تو کیا ازسرنو پیدا کئے جائیں گے۔) عقل کا اندھاپن اس سے زیادہ کیا ہوگا کہ جو بات عقل وفطرت کے مطابق ہے اس کو انسان خلافِ عقل سمجھے، دنیا کے گوشہ گوشہ میں فتنہ وفساد کی جو آگ بھڑک اٹھی ہے اور انسان کی خوں ریزیوں کی جو تیاریاں کی جارہی ہیں اس کی وجہ یہی ہے کہ حیاتِ بعد الموت کی اصلی زندگی کو بالکل بھلا دیا گیا ہے اور صرف دنیا ہی مطلوب ومقصود بنی ہوئی ہے۔ اس بگاڑ کو سنوارنے کا انبیائی طریقہ یہی ہے کہ سب سے پہلے آخرت سے غافل انسانوں کو حیاتِ آخرہ کا یقین دلایا جائے۔ یقین آخرت ہی ہدایتِ رب سے سرفراز ہونے کی پہلی شرط ہے۔

زوال امت کا سبب

زوالِ امت کا بھی اصلی سبب یہی ہے کہ بعد الموت کی حقیقی زندگی نہ عوام کے سامنے ہے نہ کماحقہٗ خواص کے سامنے۔ حیات بعد الموت کی قرآنی ونبوی تعلیم سے عام غفلت پیدا ہوگئی ہے۔ ایک ایسی روشنی جس سے ہر ظلمت کافور ہوجاتی ہے۔ "القرآن" اس کو ہاتھوں میں رکھ کر ہم ظلمت کی گھاٹیوں میں بھٹک رہے ہیں۔ ہماری حالت "کورِ مادر زاد و نورِ آفتاب" سے کچھ کم نہیں۔ قرآن مجید میں اللہ جل شانہٗ کسی اور طرف بلاتے ہیں اور اہلِ علم واہلِ کشف کسی اور طرف جارہے ہیں، جس قرآن کی غرض وغایت یہ ہے کہ طالبِ حق، بندۂ مخلص و جاں نثار، زاہد، مجاہد، خلیفۃ الارض بنارہے اور مرنے کے بعد اس مجاہدانہ زندگی کے صلہ میں خیر وابقی زندگی "الجنۃ" پائے۔ وہ قرآن آج بے سمجھے حافظ وقاری بنانے یا بہت سے بہت زاہد گوشہ نشین بنانے کے لئے یا ایصالِ ثواب اور گنڈے، تعویذوں کے لئے رہ گیا۔ دنیا پرستی کی تند وتیز آندھیاں چل رہی ہیں اور اہلِ حق ہیں کہ ان کی گردِ راہ بنے ہوئے ہیں۔ اپنے علم و دانش پر اتنا غرّہ (غرور) ہے کہ اس تباہ حالی کے جواز کے فتوے بھی صادر کئے جاتے ہیں کیونکہ دنیا کا فائدہ اسی میں نظر آرہا ہے۔ حالانکہ "لِيَتَفَقَّهُ فِي الدِّيْنِ" (توبہ:122) دین کی سمجھ یہ ہے کہ آخرت کی زندگی کا اصلی نفع وضرر ایسا ذہن نشین ہو کہ دنیا میں جو کام بھی کیا جائے اسی نفع وضرر کو سامنے رکھ کر کیا جائے۔

دینِ اسلام کو خالق انسان نے اسی لئے نازل فرمایا ہے کہ بندے اس دینِ حق کو اختیار کر کے صالح و پاکیزہ زندگی بسر کریں اور دنیا میں اسی دین کو قائم کرنے کی علماً وعملاً جدوجہد کرتے رہیں۔ ابدی زندگی کو بہتر سے بہتر بنانے کا یہی واحد الٰہی طریقہ ہے۔ ابدی زندگی چونکہ پیشِ نظر نہیں رہی اور دنیا پرست قوموں کی اتباع میں صرف دنیا ہی مطلوب ومقصود ہے اس کا نتیجہ یہ ہے کہ امت کی حالت دن بدن بد سے بدتر ہوتی جارہی ہے۔ اس تباہی کی پوری ذمہ داری ان اہلِ علم پر ہے جو دنیا کے فائدوں کی خاطر باطل نظام ہائے زندگی کے خلاف جدوجہد کرنے کے بجائے اس کی ہواخواہی کررہے ہیں۔ (ماخوذ: رہنمائے فطرت، ص:۷۸-۸۴)

اہم پیغامات

ترجمہ وتشریح: مولوی حبیب الرحمنؒ۔حیدرآباد

فَهَلْ يَنتَظِرُونَ إِلَّا مِثْلَ أَيَّامِ الَّذِينَ خَلَوْا مِن قَبْلِهِمْ قُلْ فَانتَظِرُوا إِنِّي مَعَكُم مِّنَ الْمُنتَظِرِينَ. (یونس:۱۰۲)

ترجمہ: پس کیا یہ منتظر ہیں؟ مگر اُن جیسے لوگوں کے دنوں (واقعات) کا جو ان سے پہلے گزر چکے (عذاب دیکھ چکے ہیں، اے نبیؐ) کہو پس تم بھی انتظار کرو بے شک میں بھی تمہارے ساتھ انتظار کرنے والوں میں سے ہوں۔

تشریح: اللہ اپنے بندوں کو دوزخ سے بچنے اور مغفرت وجنت کے مستحق بنانے والے طریقے اپنے پیغمبروں کے ذریعہ بتاتا آیا ہے۔ جب بندے نہ صرف پیغمبر کی دعوت کو قبول کرنے سے انکار کئے بلکہ حق کی آواز ہی کو بند کرنے کی سازشیں کیں تو اللہ ان کو عذاب کے ذریعہ ہلاک کرتا آیا ہے۔قرآن چونکہ قیامت تک تمام انسانوں کے لئے محفوظ کتابِ ہدایت ہے جو نبی ﷺ پر نازل کی گئی، اس لئے نبی کریم ﷺ قیامت تک تمام انسانوں کے لئے اللہ کے آخری رسول ہیں، آپ ﷺ پر ایمان لانے والے نافرمانی کرتے رہتے ہیں تو ان کو عذاب کے ذریعہ ہلاک کرنے کے بجائے ان کو اہلِ باطل کا تختۂ مشق بنا دیا جاتا ہے، ان پر ذلّت اور محتاجی مسلّط کردی جاتی ہے اور ان کو فرقوں، جماعتوں اور گروہوں میں تقسیم کردیا جاتا ہے۔ ائے عقل والو! غور کرو اور اصلاح کرو (سورۃ البقرہ:۶۱، آل عمران:۱۱۲، الاعراف:۱۶۷ اور الانفال:۲۴)

ثُمَّ نُنَجِّي رُسُلَنَا وَالَّذِينَ آمَنُوا كَذَٰلِكَ حَقًّا عَلَيْنَا نُنجِ الْمُؤْمِنِينَ. (یونس:۱۰۳)

ترجمہ: پھر ہم بچالیتے ہیں (عذاب سے) اپنے رسولوں کو اور اسی طرح اُن لوگوں کو جو ایمان لائے، یہ حق (سچا وعدہ) ہے ہم پر کہ ہم بچالیں گے اہلِ ایمان کو۔

تشریح: اور فرمایا گیا کہ اہلِ ایمان سے مقابلہ کرنے میں اہلِ باطل کو ان کی کثرت تعداد اور قوت ان کے ہرگز کام نہ آئے گی، کیوں کہ اللہ، ایمان والوں کے ساتھ ہوتا ہے (الانفال:۱۹) اور فرمایا یقیناً ہم ضرور مدد کرتے ہیں اپنے رسولوں کی اور ایمان والوں کی اس دنیا میں بھی اور آخرت میں بھی (المومن:۵۱) اور فرمایا اللہ نے لکھ دیا ہے کہ میں اور میرے رسول ﷺ ہی غالب آئیں گے، بے شک اللہ بڑی قوت والا اور سب پر غالب ہے (المجادلہ:۲۱، الفتح:۳) ہر ایمان والا مانتا ہے کہ اللہ کی بات جھوٹی نہیں ہوسکتی، لیکن ان الٰہی تیقنات کے بعد دنیا میں جو واقعات دیکھنے اور سننے میں آرہے ہیں، اس کی وجہ یہی ہوسکتی ہے کہ موجودہ ایمان والوں کا ایمان ایسا نہیں جیسا کہ اللہ کو مطلوب ہے، اللہ تاکیداً حکم دیا ہے کہ اس طرح ایمان لاؤ جس طرح کا ایمان صحابہ کرام رضوان اللہ علیہم اجمعین کا تھا۔ دوسری وجہ یہ ہے کہ اہلِ باطل کے مقابلہ میں جن تدابیر کو اختیار کرنا تھا ان کو اہلِ ایمان اختیار کرنے میں کوتاہی کیے۔ دراصل یہ حالات اہلِ ایمان کے لے سزا اور تنبیہ کے ہیں تا کہ وہ صحیح معنوں میں ایمان والے بننے کی کوشش کریں، چناں چہ لَعَلَّهُمْ يَرْجِعُونَ ''تا کہ وہ پلٹ آئیں'' فرمایا گیا ہے (الاعراف:۱۶۸)۔

إِنَّ الَّذِينَ يَكْتُمُونَ مَا أَنزَلَ اللَّهُ مِنَ الْكِتَابِ وَيَشْتَرُونَ بِهِ ثَمَنًا قَلِيلًا أُولَٰئِكَ مَا يَأْكُلُونَ فِي بُطُونِهِمْ إِلَّا النَّارَ وَلَا يُكَلِّمُهُمُ اللَّهُ يَوْمَ الْقِيَامَةِ وَلَا يُزَكِّيهِمْ وَلَهُمْ عَذَابٌ أَلِيمٌ. (البقرۃ:۱۷۴)

ترجمہ: یقیناً جو لوگ اللہ کی نازل کردہ کتاب میں سے (احکامات اپنے مفادِ دنیا کے لئے) چھپاتے ہیں اور اس سے (بدلے میں) تھوڑا معاوضہ لیتے ہیں، (دراصل) یہی لوگ ہیں جو اپنے پیٹوں میں صرف آگ بھر رہے ہیں، اور حشر کے دن نہ اللہ اُن سے بات کرے گا اور نہ اُن کو پاک کرے گا، اور اُن کے لئے دردناک عذاب ہے۔

تشریح: اللہ کا اپنے بندوں سے بات نہ کرنا اور نہ اُن کا تزکیہ کرنا مستقبل یعنی حشر کے دن کی بات ہے۔ یہی بات آل عمران

۷۷ میں وَلَا یَنظُرُ اِلَیْهِمْ ''ان کی طرف نہیں دیکھے گا'' کے اضافہ کے ساتھ فرمائی گئی ہے۔

اللہ تعالیٰ اپنی کتاب میں بندوں کے لئے دوزخ سے بچنے کے طریقے بیان فرمایا ہے، اُن کو چھپانے سے اللہ کے بہت سے بندے لاعلمی کی بناء پر مستحق دوزخ بننے کے کام کرتے ہیں۔ دوسرا مطلب یہ ہے کہ جائز کو ناجائز اور ناجائز کو جائز یا حلال کو حرام اور حرام کو حلال، عوام الناس کو بتا کر حق بات سے محروم رکھتے ہیں، جس کی وجہ سے اُنہیں جو دنیاوی فائدہ یا کچھ مفاد حاصل ہوتا ہے اُس سے دراصل وہ اپنے پیٹوں کو آگ سے بھرتے ہیں جو کہ آخرت کے معاملہ میں بہت ہی بُرا ہوگا، اس لئے کتاب کی باتیں چھپانے والوں کو اپنے نظرِ کرم سے محروم کردینے کی بات فرمایا ہے۔ اس کے علاوہ اللہ کی بات کو چھپانے کا جرم کس قدر سنگین ہے، اس کو آیت ذیل میں بیان کیا گیا ہے۔

أُولَـٰئِكَ الَّذِيْنَ اشْتَرَوُا الضَّلَالَةَ بِالْهُدٰى وَالْعَذَابَ بِالْمَغْفِرَةِ فَمَا أَصْبَرَهُمْ عَلَى النَّارِ. (البقرۃ:۱۷۵)

ترجمہ: یہی وہ لوگ ہیں جنہوں نے ہدایت کے بجائے گمراہی کو اور مغفرت کے بجائے عذاب کو خرید رہے ہیں، پس وہ آگ پر کیسے صبر کریں گے۔

تشریح: مندرجہ بالا آیات میں کتاب الٰہی کی باتیں چھپانے کے جرم کی سنگینیت اسی لئے بیان کی گئی ہے کہ دینی رہنما، عوام الناس کو دوزخ سے بچنے کی باتیں ہر وقت بتاتے رہیں، ذرا بھی غفلت نہ کریں اور اس پر عمل کرنے کی تاکید کریں۔ مگر کس قدر افسوس کا مقام ہے کہ ہمارے رہنما، دوزخ سے بچنے کے لئے قرآن کی روشنی میں عقائد کو درست کرنے کے بجائے فضائل وثواب کی باتیں یا پھر اصلاحِ معاشرہ کی حد تک عوام میں کام انجام دے کر سمجھتے ہیں کہ دین کا صحیح حق ادا کر رہے ہیں۔

قانونِ الٰہی یہ ہے کہ آخرت کے معاملہ میں جب عقائد بگڑ جاتے ہیں تو لازماً اُن کے اعمال میں خود بخود بگاڑ پیدا ہو جاتا ہے، اس لئے عقیدہ کی اصلاح کیے بغیر اعمال کی اصلاح کی کوشش کرنا رہبری نہیں بلکہ رہزنی ہے، کیوں کہ تمام پیغمبر سب سے پہلے عقائد کے بگاڑ ہی کو بیان کرتے ہوئے ان کو اصلاح کی دعوت دیے ہیں (اعراف:۵۹، ۶۵، ۷۳، ۸۵، ہود:۲۶، ۵۰، ۶۱، ابراہیم:۵۲)۔

إِنَّ الَّذِيْنَ يَكْتُمُوْنَ مَا أَنزَلْنَا مِنَ الْبَيِّنَاتِ وَالْهُدٰى مِن بَعْدِ مَا بَيَّنَّاهُ لِلنَّاسِ فِي الْكِتَابِ أُولَـٰئِكَ يَلْعَنُهُمُ اللّٰهُ وَيَلْعَنُهُمُ اللَّاعِنُوْنَ. (البقرۃ:۱۵۹)

ترجمہ: یقیناً جو لوگ چھپاتے ہیں وہ واضح نشانیاں (کھلے احکام) وہدایات جو ہم نے نازل کی ہیں اس کے بعد کہ ہم نے انسانوں (کو سمجھانے) کے لئے کتاب میں (واضح طور پر) بیان کر دیا، یہی وہ لوگ ہیں جن پر اللہ لعنت کرتا ہے اور لعنت کرنے والے بھی ان پر لعنت کرتے ہیں۔

تشریح: اللہ تعالیٰ قرآن کو تمام انسانوں کے لئے کتابِ ہدایت اور الفرقان (حق وباطل بتانے والی کسوٹی) بنایا ہے جس کی تعلیمات تمام انسانوں تک پہنچانے کا کام قرآن پر ایمان کے دعویداروں پر فرض کر دیا ہے، اور آل عمران ۱۸۷ میں ایمان بالقرآن کا تقاضہ یہی قرار دیا گیا کہ قرآن کی باتیں تمام انسانوں تک کھول کھول کر بیان کریں، کوئی بات نہ چھپائیں۔ اور اس فرض کو پورا نہ کرنے پر صرف دنیا میں جو سزا دی جائے گی اس کو نہ صرف اس آیت میں بلکہ البقرہ ۶۱، آل عمران ۱۱۱ اور ۱۱۲ میں بھی بیان کیا گیا ہے۔ بالخصوص دنیا کے نقصان سے بچنے کے لئے جو لوگ کتاب الٰہی کی باتیں عوام سے چھپاتے ہیں وہ دراصل اپنے پیٹ کو آگ سے بھر رہے ہیں اور حشر کے دن اللہ نہ اُن سے بات کرے گا اور نہ اُن کا تزکیہ کرے گا، ان کے لئے دردناک عذاب ہوگا فرمایا گیا (البقرہ:۱۷۴) اور ۱۷۵ میں فرمایا گیا کہ یہ وہی لوگ ہیں جو ہدایت کے بجائے گمراہی کو اور بخشش کے بجائے عذاب کو خرید رہے ہیں، تو یہ لوگ آگ کا عذاب کیسے برداشت کر سکیں گے؟

آیت زیر بحث میں اگرچہ کہ علماء یہود کا بگاڑ بیان فرمایا گیا ہے لیکن درحقیقت یہی وہ جرم ہے جو اُمت مسلمہ کے علماء بھی (اِلَّا مَاشَاءَ اللّٰہُ) مسلمانوں کو قرآن سمجھ کر پڑھنے سے یہ کہہ کر روک

رہے ہیں کہ قرآن عوام کی سمجھ میں نہیں آسکتا یہ اللہ کا کلام ہے جس کو سمجھنے کے لئے کئی علوم سے واقف ہونا ضروری ہے، اُن کی یہ بات اس لئے قطعی غلط ہے کہ اللہ نے قرآن کو هُدًى لِلْعُلَمَا وهُدًى لِلْعَرَبْ نہیں فرمایا بلکہ الْقُرْاٰنُ هُدًى لِّلنَّاسِ وَبَيِّنٰتٍ مِّنَ الْهُدٰى وَالْفُرْقَانِ. (البقرہ ۱۸۵) ''قرآن انسانوں کے لئے نہ صرف ہدایت بلکہ کھلی ہدایت اور حق و باطل بتانے والی کتاب ہے'' فرمایا، جس کا صاف مطلب تو یہی ہے کہ ہدایت و گمراہی کی جو باتیں قرآن میں ہیں اُن کو ایک عربی دان جس طرح سمجھ سکتا ہے اسی طرح ایک غیر عربی داں اپنی زبان میں قرآن کے ترجمے سے معلوم کرسکتا ہے، چنانچہ تمام غیر مسلم حضرات اپنی زبان ہی میں قرآن کا ترجمہ پڑھ کر یا سن کر ایمان لاتے ہیں اور لا رہے ہیں اور قیامت تک لاتے رہیں گے۔ اس فرض کو ادا کرنے کے لئے سب سے پہلے خود مسلمان' قرآن سے ہدایت حاصل کرنے کے لئے اپنی ئ مادری زبان میں سمجھ کر پڑھیں، اس لئے فرمایا جو قرآن کو سمجھ کر پڑھنے کی کوشش کرتے ہیں وہی دراصل قرآن پر ایمان لانے والے ہیں (البقرہ: ۱۲۱) اس لئے ہر مسلمان کے لئے ضروری ہے کہ ہدایت کے لئے خود قرآن کو اپنی مادری زبان کے ترجمے سے سمجھ کر پڑھیں تاکہ دوسرے انسانوں تک قرآن کے احکام پہنچا سکیں۔

غور کریں تو معلوم ہوگا کہ انسانوں کو ابدی زندگی کی طرف توجہ دلانے کا کام نہ صرف سب سے اعلیٰ بلکہ انتہائی اہم ہے، یہ طریقہ نہ صرف سہل ہے بلکہ مجرب بھی ہے، یہی وہ واحد طریقہ ہے جس پر عمل کرنے ہی سے مسلمان دنیا میں ذلت و بے بسی کی زندگی سے چھٹکارہ پا سکتے ہیں۔ کس قدر افسوس کا مقام ہے کہ ہمارے رہنما اس ذلت کی زندگی سے چھٹکارہ پانے کا طریقہ دنیا کے علوم کا حصول اور آپسی اتحاد بتاتے ہیں۔ ہوسکتا ہے کہ ان طریقوں سے دنیا میں ذلت کی زندگی سے کسی قدر راحت مل جائے لیکن ابدی زندگی میں عذابِ الٰہی سے چھٹکارہ ملنا ممکن نہیں کیوں کہ کائنات اللہ کی بنائی ہوئی ہے، اس لئے اللہ ہی کے بتائے ہوئے طریقے سے ہی دنیا و آخرت میں چھٹکارہ پا سکتے ہیں کسی اور طریقہ سے ہرگز نہیں۔

مولوی حبیب الرحمن-حیدرآباد

صالحیت

کلمہ طیبہ

انسان جب تک کہ بندگیٔ حق پر قائم نہ ہوجائے وہ صالح، پاکیزہ نہیں ہوسکتا۔ یہی اس کی فطری حیثیت ہے۔ بندگیٔ حق کا نقطۂ آغاز "ایمان باللہ" ہے جو لا الٰہ الا اللہ محمد رسول اللہ کی صحیح تعلیم سے حاصل ہوتا ہے۔ اس کلمہ کا نام "القرآن"، "صحیفۂ فطرت" میں کلمۂ طیبہ ہے یعنی پاک کلمہ۔ مطلب یہ ہے کہ ان چند الفاظ میں دانش و آگہی کا جو غیر محدود ذخیرہ جاہل و نادان انسان کو عطا کیا گیا ہے اس سے انسان کا دل و دماغ اور اس کی زندگی تمام غیر فطری، ناشائستہ، انسانیت سوز و گندے افکار و کردار سے پاک ہوجاتی ہے۔

اس کلمہ کے پہلے الفاظ "لَآ اِلٰـهَ" میں انسان کے باطل و غیر فطری افکار کی تردید ہے اور "اِلَّا اللّٰہ" سے عبد و رب کا فطری تعلق جڑ جاتا ہے۔ باطل و غیر فطری افکار کا قرآنی نام شرک، کفر و نفاق ہے۔ ان سے توبہ کرکے ہی حق و صداقت کا پیام "کلمۂ طیبہ" قبول کیا جاسکتا ہے۔ دل جب تک ان گندے خیالات و عقائد سے پاک نہ ہوجائے نورِ ایمان سے منور نہیں ہوسکتا۔ اس لئے اولاً شرک، کفر و نفاق کا قرآنی مفہوم پیش کیا جاتا ہے۔

شرک

اسلام کا دعوتی کلمہ "لا الٰہ الا اللہ" کے مخاطب مشرکین عرب بھی تھے اور اہلِ کتاب بھی۔ جو اللہ تعالیٰ کے ساتھ، دیگر افرادِ خلق، ملائکہ، اجنّہ، انبیاء علیہم السلام اور بزرگانِ دین کو بھی الٰہ بنائے ہوئے تھے جیسا کہ اللہ تعالیٰ کا ارشاد ہے: "اَئِنَّكُمْ لَتَشْهَدُوْنَ اَنَّ مَعَ اللّٰهِ اٰلِهَةً اُخْرٰى. قُلْ لَّآ اَشْهَدُ. قُلْ اِنَّمَا هُوَ اِلٰهٌ وَّاحِدٌ وَّاِنَّنِیْ بَرِیْٓءٌ مِّمَّا تُشْرِكُوْنَ" (سورہ الانعام: 19) ترجمہ: (کیا واقعی تم یہی گواہی دیتے ہو کہ اللہ تعالیٰ کے ساتھ کچھ اور بھی الٰہ (معبود و مستعان) ہیں آپ ﷺ کہہ دیجئے کہ میں (ایسی غلط بات کی) گواہی نہیں دیتا۔ آپ کہہ دیجئے کہ وہ (اللہ) ایک ہی الٰہ ہے اور میں تمہارے شرک سے بیزار ہوں۔) اس سے ثابت ہوتا ہے کہ اللہ تعالیٰ کے سوا بندگانِ خدا کو بھی "الٰہ" قرار دینا شرک ہے یعنی اللہ تعالیٰ کے سواء بندگانِ خدا، ملائکہ، اجنّہ، انبیاء علیہم السلام اور بزرگانِ دین کے متعلق یہ عقیدہ گھڑ لینا کہ وہ دنیا و آخرت کی مشکلات میں ہماری مدد کرسکتے ہیں۔ اللہ تعالیٰ نے اُن کو دفعِ مصائب، حلِ مشکلات اور حاجت روائی کا اختیار دے رکھا ہے اس لئے اب وہ مالک و مختار ہیں بطور خود یا اللہ تعالیٰ سے سفارش کرکے قہرِ الٰہی سے بچاسکتے ہیں۔ دنیا و آخرت کی ہر خرابی اور ہر مشکل ان کا واسطے اور وسیلے کے بغیر دور نہیں ہوسکتی۔ اس باطل عقیدہ کے تحت انجاحِ حاجات اور حلِ مشکلات و دفعِ مصائب کے لئے ان کو پکارنا، ان کے آگے سر نیاز جھکانا، ان سے منت مانگنا، ان کی نذر کرنا اور اُن کے قبور پر طواف، رکوع و سجدے کرنا، اللہ تعالیٰ کے سوا ان کو بھی الٰہ قرار دینا اور ان کی عبادت کرنا (ان کو پکارنا) ہے۔ "وَلَا تَدْعُ مَعَ اللّٰهِ اِلٰهًا اٰخَرَ م لَآ اِلٰهَ اِلَّا هُوَ" (سورہ القصص: 88) ترجمہ: (مت پکارو اللہ کے ساتھ

کسی اور کو کہ اللہ کے سوا کوئی الہٰ نہیں۔) سے ظاہر ہے کہ مصیبتوں میں مدد کے لئے انسان جس کو پکارتا ہے وہی اس کا الہٰ ہے اور یہی شرک ہے۔ نیز اللہ جل شانۂ کی اطاعت و فرمانبرداری سے روگردان ہوکر اپنی نفسانی خواہش کی پیروی کرنا، خواہش نفسانی کو الہٰ بنانا ہے یہ بھی شرک ہے۔ آیت کریمہ "اَرَءَیْتَ مَنِ اتَّخَذَ اِلٰهَهٗ هَوٰاهُ"(سورہ الفرقان: 43، جاثیہ: 23، القصص: 50) ترجمہ: (کہ آپؐ نے اس شخص کو دیکھا جس نے اپنی خواہش کو الہٰ بنا رکھا ہے۔) اس اجمال کی مختصر تفصیل یہ ہے:-

1۔ اللہ جل شانۂ کے سوا کسی دیکھی یا ان دیکھی ہستی کو اللہ تعالیٰ کی رحمانیت، خالقیت، غفاریت مختصر یہ کہ اللہ تعالیٰ کے کسی اسم حسن سے کسی مخلوق کو متصف سمجھنا یا مخلوق میں کسی اسم حسن کو ثابت کرنا شرک ہے۔ اسی طرح اللہ تعالیٰ کے مقررہ نظام دنیا و آخرت یعنی اللہ کے امر و حکم و نہی کے نفاذ و اجراء و تدبیر میں کسی مخلوق کو دخیل اور شریک کار سمجھنا خواہ وہ ملائکہ ہوں یا انبیاء علیہم السلام، اولیاء کرام ہوں یا اجنّہ۔ مثلاً زندگی، موت، رزق، اولاد، صحت و مرض، عافیت، عذاب و مغفرت، ہدایت، گمراہی، غضب و رحمت، حاجت روائی و مشکل کشائی یا شرور و آفات سے حفاظت وغیرہ کے الٰہی نظام میں مخلوق کو شریک سمجھنا شرک ہے۔ "لَا یَمْلِکُوْنَ مِثْقَالَ ذَرَّةٍ فِی السَّمٰوٰتِ وَلَا فِی الْاَرْضِ وَمَا لَهُمْ فِیْهِمَا مِنْ شِرْكٍ وَّمَا لَهٗ مِنْهُمْ مِّنْ ظَهِیْرٍ" (سورہ السبا: 22) ترجمہ: (وہ ذرہ برابر بھی اختیار نہیں رکھتے نہ آسمانوں میں نہ زمین میں اور نہیں ان کے لئے آسمان و زمین میں کوئی شرکت اور نہیں ہے ان میں سے کوئی بھی اللہ کا مشیر۔)

2۔ مخلوق کی کسی صفت سے اللہ جل شانۂ کو متصف سمجھنا شرک ہے مثلاً یہ سمجھنا کہ اللہ تعالیٰ کے اولاد ہے اور بی بی ہے (سورہ التوبہ: 30، مریم: 88 تا 92، المائدہ: 116، اسریٰ: 40 اور الزخرف: 18-19) یا وہ کسی سے مشورہ کئے بغیر حکومت نہیں فرما سکتا (بنی اسرائیل: 111)۔

3۔ انسان کا اپنے آپ کو مالک و مختار سمجھ کر من مانی زندگی بسر کرنا شرک ہے۔ انسانی تجاویز و قوانین اور احکام کو موجب فلاح و خیر سمجھنا یا امن و سلامتی، عدل و انصاف کے آئین و قوانین بنانے کی قابلیت و صلاحیت انسان کے لئے ثابت کرنا اور انسانی اقتدار کے آگے بطیب خاطر سربسجود رہنا شرک ہے۔ "مَا كَانَ لَهُمُ الْخِیَرَةُ . سُبْحٰنَ اللّٰهِ وَتَعٰلٰى عَمَّا یُشْرِكُوْنَ" (سورہ القصص: 68) ترجمہ: (ان میں تجویز احکام کی کوئی قابلیت ہی نہیں، پاک ہے اللہ ان کے شرک سے اور برتر ہے۔)

4۔ فکر و تدبر، سعی و جد و جہد کے نتائج کو (اللہ کی مدد سے نہیں بلکہ) اپنی تدبیر کا نتیجہ سمجھنا۔

5۔ واقعات و حوادث و انقلابات کو ستاروں کی گردش کا اثر سمجھنا، بدشگونی لینا، اللہ تعالیٰ کے سوا کسی اور کی قسم کھانا، نجومی کی باتوں کو سچ سمجھنا۔

6۔ اللہ جل شانۂ میں کوئی عیب یا نقص مثلاً ظلم، بے انصافی، جہل وغیرہ یا اللہ کے لئے جسم و صورت، حلول و اتحاد وغیرہ ثابت کرنا بھی شرک ہے اور اللہ تعالیٰ کے افعال و نظام پر اعتراض کرنا بھی۔

7۔ دنیا و آخرت کے نفع و ضرر کے تعلق سے جس کا ذکر فقرہ (1) میں کیا گیا ہے۔ اللہ کے برگزیدہ بندوں کو یا اجنّہ و شیاطین کو مدد کے لئے پکارنا ان کو راضی رکھنے کے لئے ان کے نام سے جانور ذبح کرنا، ان کے مسکن یا ان کے قبور کو خیر و برکت کے نزول کا مقام سمجھنا، ان کی تعظیم کے لئے ان کے سامنے قیام یا ایسے افعال جن سے اپنی عاجزی، ذلت اور ان سے اپنی احتیاج اور ان کے علو و برتری، جلال و کبریائی کا اظہار ہو، شرک ہے۔

توضیح: اللہ تعالیٰ سے ڈرنے کے بجائے مخلوق کا خوف، اللہ تعالیٰ سے شدید محبت کے بجائے مخلوق سے وابستگی، اللہ جل شانہٗ پر اعتماد کے بجائے مخلوق پر اعتماد و بھروسہ، اللہ تعالیٰ کی خوشنودی حاصل کرنے کے بجائے اپنی نمود و شہرت یا مخلوق سے جزا پانے کی نیت سے دینی و دنیوی امور انجام دینا جس کو ریا کہتے ہیں یہ سب شرک ہی کے اجزاء ہیں۔

دینِ حق، علمِ حق سے بے بہرہ رہنے کی وجہ سے ہر چھوٹے بڑے میں کم وبیش شرک کے اجزاء پائے جاتے ہیں۔ اس لئے نہایت ضروری ہے کہ علمِ دین حاصل کیا جائے۔ جہل کی وجہ سے اگر شرک کے اجزاء پرورش پاتے رہیں گے تو خسرانِ آخرت تو یقینی ہے۔ زہر کو اگر شربت سمجھ کر پی لیا جائے گا تو اثر زہر ہی کا ہوگا۔ یہ جہل ہی کے نتائج ہیں کہ اللہ جل شانہٗ کی مخلوق انبیاء علیہم السلام سے غیر طبعی امور، معجزات کا ظہور دیکھ کر انسان ان کے آگے جھک جاتا ہے اور اُن کو اپنا مشکل کشا و حاجت روا خیال کر لیتا ہے اور یہ سمجھتا ہے کہ "اللہ تعالیٰ نے ان کو اپنی قدرت کا کچھ حصہ عطا فرمایا ہے۔ نظامِ عالم میں ان کو تصرف کا اختیار دیا ہے اور اللہ جل شانہٗ کے پاس ان کو اس قدر رسوخ حاصل ہے کہ اللہ تعالیٰ نہ ان کے مشورہ کے بغیر کوئی حکم صادر کرتے ہیں اور نہ ان کے ذریعہ و واسطہ کے بغیر اللہ جل شانہٗ تک رسائی ہو سکتی ہے اور نہ دعاؤں کی سنوائی۔ اس شیطانی فریب میں جب انسان مبتلا ہو جاتا ہے تو وہ نجات و مغفرت کے لئے اپنی فکر و عمل کی اصلاح ضروری نہیں سمجھتا اور اس دھوکہ میں مبتلا رہتا ہے کہ دنیا میں من مانی زندگی گزار کر خدا کے مقبول بندوں کو (اگر ان کے نام سے ایصالِ ثواب کر کے اور ان کی نذر و منّت کر کے) راضی رکھے گا تو آخرت کی سختی سے چھٹکارا پا جائے گا اور دنیا کے دکھ، درد اور حیرانی و پریشانی سے حفاظت ہو جائے گی۔ دنیا و آخرت کی خوش حالی، فکر و عمل کی پاکیزگی سے نہیں بلکہ اللہ کے مقبول بندوں کے دامن سے وابستہ رہنے سے ہے،" حالانکہ خدائے تعالیٰ کے قانونِ منع و عطا، نفع و ضرر، مغفرت و عذاب میں کسی فردِ خلق کو رتی برابر دخل (مداخلت کا حق) نہیں اور جن کو وہ صاحبِ اختیار سمجھ کر مدد کے لئے پکارتا ہے وہ کچھ بھی اختیار نہیں رکھتے۔ "وَالَّذِينَ تَدْعُونَ مِنْ دُونِهِ مَا يَمْلِكُونَ مِنْ قِطْمِيرٍ" (سورہ الفاطر:13)
ترجمہ: (اللہ کے سوا جن کو تم (واسطہ سمجھ کر) پکارتے ہو وہ رتی برابر بھی اختیار نہیں رکھتے۔)

نیز جہل کی وجہ سے اس پندار میں رہتا ہے کہ اس کو خدا نے عقل اس لئے عطا کی ہے کہ وہ اپنی زندگی کو سمجھے اور اس کے مسائل کا حل خود معلوم کرے اور اپنی فلاح و خیر کے لئے اپنی زندگی کا نظام خود مرتب کر لے۔ ان شیطانی خیالات کی بناء پر اپنی ہویٰ و ہوس کی اتباع کرتا ہے اور مخلوق کی غلامی کا طوق اپنی گردن میں ڈال لیتا ہے، خدا پرستی کی فطری راہ چھوڑ کر غیر فطری راہ پر گامزن ہو جاتا ہے۔ اللہ و رسولؐ نے شرک سے بچنے کی بہت تاکید فرمائی ہے۔ یہ ایسا مرض ہے جو غیر محسوس طور سے قلب میں گھر کر جاتا ہے۔ چیونٹی کی چال سے بھی زیادہ غیر محسوس جیسا کہ رسول اللہ صلی اللہ علیہ وسلم نے سیدنا ابو بکر صدیق رضی اللہ تعالیٰ عنہ سے فرمایا: "والذی نفسی بیده الشرك اخفی فیكم من دبیب النمل" (الادب المفرد للامام البخاری)۔ اہلِ علم کے لئے بھی ضروری ہے کہ ہر وقت اپنے قلب کا جائزہ لیتے رہیں کہ غیر شعوری طور سے کہیں شرک کے جراثیم پرورش تو نہیں پا رہے ہیں اور اللہ تعالیٰ سے پناہ مانگتے رہیں۔ نبی کریم صلی اللہ علیہ وسلم نے سیدنا ابو بکر صدیقؓ کو یہی تعلیم دی اور یہ دعا سکھائی۔ "اللهم انی اعوذ بك من اَن اشرك بك وانا اعلم واستغفرك لما لا اعلم"
ترجمہ: (اے اللہ میں تیری پناہ چاہتا ہوں کہ جان بوجھ کر شرک

کروں اور جو بغیر جانے بوجھے ہو جائے۔ اس کی تجھ سے بخشش چاہتا ہوں۔) انسان کی فطرت وحدت پسند ہے مثلاً یہ خوشی کسی کا محکوم ہو تو اپنے حاکم کے سوا غیر کی حکومت پسند نہیں کرتا۔ اگر حاکم ہو تو اپنی حکومت میں دوسرے کی شرکت گوارا نہیں اس آیت کریمہ ''اَرْبَابٌ مُّتَفَرِّقُوْنَ خَيْرٌ اَمِ اللّٰهُ الْوَاحِدُ الْقَهَّارُ''(سورہ یوسف: 39) ترجمہ: (کیا کئی ارباب (حاجت روا) بہتر ہیں یا صرف ایک ہی اللہ غالب حاجت روا بہتر ہے۔) میں انسان کی وحدت پسند فطرت ہی کی طرف اشارہ ہے کہ شرک مزاجِ انسانی کے مطابق نہیں اور ایک ہی مرکز اعلیٰ وعظیم سے وابستگی اور سی کی اطاعت وفرمانبرداری انسان کی فطرت ہے۔ مختصر یہ کہ مخلوق میں کسی ایک کو بھی مدد کے لئے پکارنا اور اس کی بندگی کرنا شرک ہے، حق تعالیٰ سے کھلی مخالفت ہے۔ حقیقی مالک وحاکم سے بغاوت ہے۔ اس مخالفت و بغاوت کے چند روزہ و ابدی نتیجے خالقِ انسان نے مقرر کردیئے ہیں جو نہایت تکلیف دہ ہیں اور وہی ہیں جس کو انسانی فطرت پسند نہیں کرتی۔ مثلاً ''اِنَّمَا الْمُشْرِكُوْنَ نَجَسٌ'' (سورہ توبہ: 28) ترجمہ: (بے شک شرک کرنے والے گندے ہیں۔) گندگی یہ کہ اللہ اعلیٰ وعظیم کا بندہ ہو کر اپنے ہی جیسے ادنیٰ یا اپنے سے کمتر مخلوق کا بندہ اور ہوئ وہوس کا پرستار بن جائے گا تو اس ناپاکی کا ناپاک اثر افکار وکردار پر یہ ہوگا کہ ناپاک و پاک میں کوئی امتیاز نہ رہے گا۔ گندی چیزوں سے نفرت نہ ہوگی۔ اس کی زندگی حیوانوں کی طرح ناپاک زندگی ہوگی۔ یعنی کمزور اور بے وسیلہ (بے سہارا)' انسانوں کی حق تلفی کرے گا۔ جبر و استبداد' دغا وفریب' غارت گری وخونریزی' جان ومال' عزت و ناموس کی بربادی ان شرک کرنے والوں کی سیاست ہوگی۔ ہوئ ونفس کے تقاضوں کی تکمیل' لذت وشہوت پوری کرنے کے لئے غیر فطری ذریعہ ان کی تہذیب کے بنیادی اصول ہوں گے۔ کھیل' تماشہ' نسلی وقومی تفاخر' مال وزن واولاد کی کثرت کی ہوس' جسم وصورت' لباس ومکان کی تزئین وآرائش' نام و نمود ان کے مطلوب ومقصود ہوں گے۔

(ماخوذ: رہنمائے فطرت ص: ۸۵-۹۱)

ڈاکٹر قمر حسین انصاری۔ بنجارہ ہلز، حیدرآباد

رسول اللہ صلی اللہ علیہ وسلم کے ادب واحترام ومحبت کے تقاضے

اللہ تعالیٰ کا پہلا بڑا احسان ہم پر یہ ہے کہ اُس نے ہمیں اپنی مخلوقات میں انسان بنایا پھر اللہ نے دوسرا بڑا احسان یہ کیا کہ ہمیں اُمتِ محمدیؐ میں پیدا کیا۔ بقول نور آمنہ نور کے۔

آؤ آؤ چلیں مسجدِ نبویؐ کے صحن
دیکھو دیکھو صحابہؓ ہیں ذکر میں مگن
رب نے احسان کیا، دے کے اپنا حبیبؐ
جس سے ہدایت ہوئی، ہوگئے خدا کے قریب

رسول اللہؐ کے ادب واحترام ومحبت کے تین تقاضے ہیں:

(۱) ذاتِ محمدؐ سے دل وجان سے محبت اور آپ صلی اللہ علیہ وسلم کے معجزات اور عظمت کا احترام۔ جس کے بغیر نہ تو آپ صلی اللہ علیہ وسلم کے قول سے لگاؤ ہوگا اور نہ سنتوں کی پیروی۔ یاد رکھئے صحابہ کرام جب بھی حضورؐ سے مخاطب ہوتے تو یوں ہوتے: ''رسول اللہ آپ پر میری جان ومال ماں باپ واولاد قربان''۔ بقول قاضی سلیمؔ

صاحبِ قرآن آپ صلی اللہ علیہ وسلم، منزلِ عرفان آپؐ
جسم، ہم اور جان آپ، درد ہم درمان آپؐ

(۲) آپ صلی اللہ علیہ وسلم کے قول سے محبت۔ (۳) آپ صلی اللہ علیہ وسلم کے عمل سے محبت اور اُس کی پیروی: اُصول فقہ کی کتابوں میں یہ امر مسلمہ ہے کہ رسول اللہ صلی اللہ علیہ وسلم کے ہر قول کی طرح آپ صلی اللہ علیہ وسلم کا ہر عمل قانونی حیثیت رکھتا ہے اور شریعت بن جاتا ہے۔ خود قرآنِ مجید بھی اس کی گواہی دیتا ہے۔ (۱) جو کچھ رسولؐ دیں، لے لو اور جس بات سے روکیں، رُک جاؤ (سورۃ الحشر) (۲) تمہارے لئے رسولؐ میں بہترین نمونہ ہے (سورۃ الاحزاب)۔ اگر ان تینوں تقاضوں کو پیمانہ بنایا جائے تو ہم دیکھیں گے کہ اُمتِ محمدیؐ تین طبقوں میں بٹی ہوئی ہے۔

(۱) پہلا طبقہ: وہ جو اللہ اور اُس کے آخری رسولؐ سے محبت کرتے ہیں اور اپنی زندگی کے ہر ہر گوشہ میں اُن کی اتباع کرتے ہیں، اپنی انفرادی اور اجتماعی زندگی کو سنوارتے ہیں اور فلاح پاتے ہیں۔ یہ لوگ سیدھے راستے پر ہیں مگر اقلیت میں ہیں۔ اُن کو دیکھ کر اللہ اور اُس کے رسول یاد آتے ہیں اور وہ خوب جانتے ہیں کہ خالقِ کائنات نے خاتم النبیین، سید المرسلین، محسنِ انسانیت، امام الانبیاء شافع محشر، رحمۃ للعالمین، صاحب معراج، معلمِ اعظم، سرورِ دو عالم سے اپنی محبت کا اظہار طرح طرح سے کیا ہے...... اللہ تعالیٰ کا ارشاد ہے: ''ہم نے آپ کے لئے آپ کے ذکر کو بُلند کیا'' (سورۃ الشرح)۔ بقول علامہ اقبالؔ:

چشمِ اقوام یہ نظارہ ابد تک دیکھے
رفعت شان رفعنالك ذكرك دیکھے

(۲) دوسرا طبقہ: وہ جو بلند بانگ ''عاشقِ رسولؐ'' ہونے کا دعویٰ کرتے ہیں مگر اپنا ہر عمل سنت کے خلاف کرتے ہیں اور بھول جاتے ہیں کہ رسول اللہ کی نافرمانی کر کے گناہ در گناہ کئے جاتے ہیں۔ یہ لوگ اکثریت میں ہیں۔ اپنے وقت کے بے تاج بادشاہ مشہور شاعر احمد فراز نے اس کیفیت کو یوں بیان کیا۔

تو روشنی کا پیمبرؑ تھا او رمیری تاریخ

بھری پڑی ہے شب ظلم کی داستانوں سے

(۳) تیسرا طبقہ: وہ جو قرآن کو جانتا ہے لیکن صاحبِ قرآن ؐ کا ادب واحترام، محبت وعظمت کا اقرار اُن کے دلوں میں اتنا نہیں ہے جتنا کہ اسلام ؐکا تقاضہ ہے۔ احادیث کی صحت پر ہمیشہ شک وشبہ کرتے ہیں اور ہمیشہ ''رسول اللہ بشر تھے یا نور'' اورمعراج النبیؐ جسمانی تھی یا روحانی'' اور جب بھی رسول اللہ کا اورآپ کی عظمت کا ذکر ہوتا ہے، ناک بھوں چڑھ جاتے ہیں اور اس کوشش میں لگے رہتے ہیں کہ رسول اللہ کو ایک عام آدمی کے درجہ سے بلند نہ ہونے دیں۔ توبہ! جاگ مسلمان، جاگ! سوچ اورغوروفکر کر کہ کس نے تیرے بدن سے روحِ محمدؐ نکال دی! سنبھل جا، کہیں دیر نہ ہوجائے کہ ''تیرے اعمال اکارت ہوجائیں اور تجھے خبر بھی نہ ہو'' (سورۃ الحجرات)

تو بھول گیا کہ اللہ تعالیٰ فرماتا ہے: ''بے شک تمہارے پاس اللہ کی طرف سے ایک نور اور ایک روشن کتاب آئی ہے'' (سورۃ المائدہ) تمام مفسرین خواہ وہ حضرت عبداللہ ابن عباسؓ (تفسیر ابن عباس) ہو یا علامہ آلوسیؒ (روح المعانی) ہو امام سیوطیؒ (تفسیر جلالین) ہو یا امام فخرالدین رازیؒ (تفسیر کبیر) ہو سب نے یہ تسلیم کیا ہے کہ یہاں نور سے مراد ذاتِ سرورِ کائناتؐ ہے۔ پھر ضروری تھا کہ نور اور کتاب کا سلسلہ جڑا ہوا ہو۔ رسول اللہ کی پوری زندگی قرآنی تھی۔ دراصل قرآن متن ہے اور سیرت النبیؐ اُس کی تفسیر اس لئے حضور کو شارح علیہ السلام بھی کہا جاتا ہے۔ رسول اللہ کی نبوت کا مقصد یہ تھا کہ حُسنِ اخلاق کی تکمیل فرمائیں۔ انسان کو انسانیت کا احترام سکھلائیں۔ اورنگ زیب کے بھائی دارالشکوہ نے شاہ محبّ اللہ الہ آبادی کو لکھا، کیا حکومت ہندو اور مسلمان میں فرق کرسکتی ہے؟ آپ نے جواب دیا، نہیں اس لئے کہ رسولِ اکرم ﷺ رحمۃ للعالمین بنا کر بھیجے گئے ہیں۔ سبحان اللہ!

تاریخ عالم میں کوئی دوسری مثال ایسی نہیں ملے گی جس میں آپ ﷺ کی سیرت اور عمل کو اُمت نے اپنی زندگی کے ہر گوشہ میں اپنانے کی کوشش کی۔ اس اتباع نے عشق ومحبت اختیار کرلی۔ علامہ اقبالؒ نے جواب شکوہ کو اس ارشاد پر ختم کیا

کی محمدؐ سے وفا تو نے تو ہم تیرے ہیں
یہ جہاں چیز ہے کیا لوح وقلم تیرے ہیں

علامہ اقبالؒ نے حضرت بایزید بسطامیؒ کا یہ واقعہ لکھا ہے کہ اُنھوں نے خربوزہ کو صرف اس لئے نہیں کھایا، اُنھیں معلوم نہیں تھا کہ حضورؐ نے اس پھل کو کس طرح کھایا۔ یہی کامل تقلید کا نام ہے۔ بقول اقبالؒ کے عشق ہے۔

شیخ عبدالحق محدث دہلوی سرزمین رسولؐ پر جوتے پہن کر نہیں چلے، یہ حضورؐ کے احترام وعزت کی بہترین مثال ہے۔ امام مالکؒ جب بھی حدیث بیان کرنے کا ارادہ کرتے تو وضو کر کے مسجد کے فرش کے اگلے حصے پر بیٹھتے پھر داڑھی میں کنگھی کرتے اور پورے وقار کے ساتھ حدیث بیان کرتے۔ یہ احادیث رسولؐ کی تعظیم کا بے مثال نمونہ ہے۔

بقول مضطر مجاز کے جدید شاعری کے چار اماموں کے ایک امام قاضی سلیم نے کیا خوب التجا کی ہے۔

اے شفیع محترم ہو کے نادم آج ہم
پھر مدینہ کی طرف آرہے ہیں، صف بہ صف

''یا محمد مصطفیٰ، یا حبیب کبریا، پھر کرم فرمائیے، راستہ دکھلائیے، یا نبیؐ خیرالانام، یا نبیؐ اعلیٰ مقام'' اَللّٰھُمَّ صَلِّ عَلٰی مُحَمَّدٍ وَّعَلٰی آلِ عَلٰی مُحَمَّدٍ وَّ بَارِكْ وَسَلِّمْ.

☆☆☆☆

ایس۔ایم۔عارف حسین۔اعزازی خادم تعلیمات وشریک معتمد اعلی انجمن، مشیر آباد، حیدر آباد

حضور ﷺ کی ''محبت'' والی ''صفت''

اللہ تعالیٰ نے حضور ﷺ کو عالمین کے لیے رحمت بنا کر دنیا میں بھیجا ہے۔ آپ ﷺ اللہ کے محبوب ترین بندہ ہیں اور اللہ چاہتے ہیں کہ دنیا کے سارے بندے بھی حضور ﷺ سے محبت کریں۔لہٰذا یہ امر واضح ہوجاتا ہے کہ حضور ﷺ کی صفت میں محبت کوٹ کوٹ کر بھری ہوئی تھی۔

قرآن:- ''اے حبیبِ والا صفات!) پس اللہ کی کیسی رحمت ہے کہ آپ ان کے لیے نرم طبع ہیں اور اگر آپ تندخُو (اور) سخت دل ہوتے تو لوگ آپ کے گرد سے چھٹ کر بھاگ جاتے' سو آپ ان سے درگزر فرمایا کریں اور ان کے لیے بخشش مانگا کریں اور (اہم) کاموں میں ان سے مشورہ کیا کریں' پھر جب آپ پختہ ارادہ کرلیں تو اللہ پر بھروسہ کیا کریں بیشک اللہ توکل والوں سے محبت کرتا ہے'' (سورہ آل عمران)

ماں سے محبت:- آپ ﷺ چھ سال کے تھے ماں اللہ کو پیاری ہوگئیں۔ آپ ﷺ نے صحابہ کو بتایا کہ میں نماز میں ہوتا اور اگر میری ماں مجھے آواز دیتی تو میں نماز چھوڑ کر ماں کے پاس چلا جاتا۔ اس سے معلوم ہوتا ہے کہ اولاد کے لیے ماں کا کتنا بلند مقام ہے۔

رضائی ماں سے محبت:- آپ ﷺ کو دائی حلیمہ نے دودھ پلایا۔ آپ ﷺ اپنی رضائی ماں سے بے انتہا محبت کرتے۔ جب کبھی دائی حلیمہ آپؐ سے ملاقات کے لیے تشریف لاتیں تب آپؐ انکا کھڑے ہوکر استقبال کرتے اور اپنی چادر مبارک پر بٹھاتے۔ جب وہ رخصت ہوتیں تب ان کو تحفے دیتے اور اونٹنی پر بٹھا کر رخصت کرتے اور نگاہوں سے اوجھل ہونے تک انتظار فرماتے۔

ازواج سے محبت:- آپ ﷺ اپنی بیویوں سے محبت سے پیش آتے یہاں تک کہ گھر کے کاموں میں ان کی مدد فرماتے، شوہر کی حیثیت سے ہر بیوی کا باری باری خیال رکھتے۔ جب تہجد کی نماز کیلیے اٹھتے تب ازواج کی نیند میں خلل کیے بغیر حجرہ سے باہر تشریف لے جاتے۔ اسلامی تاریخ بتاتی ہے کہ جب آپؐ کا انتقال ہوا اس وقت آپؐ کا سر مبارک عائشہؓ کے زانوں پر تھا۔

رضائی بہن سے محبت:- آپ ﷺ اپنی رضائی بہن سے بے انتہا محبت کرتے تھے۔ جب کبھی رضائی بہن آپ ﷺ سے ملنے آتیں آپ ﷺ کھڑے ہوکر استقبال کرتے اور چادر پھیلا کر اس پر بٹھاتے۔ جب رخصتی کا وقت آتا آپ ﷺ وداع کرنے کے لیے بستی کے باہر تشریف لاتے اور نگاہوں سے اوجھل ہونے تک انتظار کرتے۔

بیٹی کی چاہت:- آپ ﷺ اپنی بیٹی فاطمہؓ سے بہت پیار کرتے۔ جب کبھی فاطمہؓ آپ ﷺ کے گھر تشریف لاتیں آپ ﷺ کھڑے ہوکر استقبال کرتے اور بیٹی کی پیشانی پر بوسہ لیتے اور اپنی چادر مبارک پر بٹھاتے۔ جب فاطمہ رخصت ہوتیں گھر کے دروازہ تک آکر رخصت کرتے۔

آپ ﷺ جب کبھی سفر سے واپس تشریف لاتے پہلے اپنی لخت جگر فاطمہؓ سے ملاقات فرماتے۔

نواسوں سے محبت:- اسلام کی تاریخ گواہی دیتی ہے کہ آپﷺ اپنے نواسوں حسن وحسینؓ کو بے حد چاہتے۔آپ ﷺ کی نواسوں سے محبت کا عیاں ثبوت آپﷺ کے اپنے نواسوں کے ساتھ برتاؤ سے ملتا ہے۔آپﷺ نماز میں ہوتے اورنواسے آپﷺ کی پشت پر ہوتے ایسے وقت میں آپﷺ سجدہ طویل فرماتے یہاں تک کہ بسااوقات آپ ﷺ کے پیچھے نماز پڑھنے والے صحابی تشویش میں پڑ جاتے کہ آخر اتنا طویل سجدہ کیوں کیا جارہا ہے کہیں خدانخواستہ آپﷺ کو کچھ ہوا تو نہیں۔

غلاموں سے انسیت:-

۱) آپﷺ راستہ سے گذر رہے تھے آپ کی نظر بلالؓ پر پڑی جوغلام کی حیثیت سے سخت محنت کررہے تھے جبکہ ان کی طبیعت خراب تھی۔آپﷺ وہاں رکے اوران کے کام میں مدد کی اور یہ عمل تین دن جاری رہا۔آپؐ کا یہ عمل بلالؓ کو اتنا متاثر کیا کی وہ آپﷺ کے ساتھ آنا پسند کیے اورساتھ آ گئے اوراسلام کوقبول کیے۔دنیا گواہ ہے کہ بلالؓ آپؐ کے بہت قریب رہے اوروقت کے بااثر موذن کی ذمہ داری سنبھالی۔

۲) زید بن حارث غلام کی حیثیت سے آپﷺ کے یہاں خدمات انجام دیتے پر آپﷺ کبھی کام کے لیے سختی نہیں کیے جسکی گواہی خود زید دیتے ہیں۔جب زید کے والدین زید کوآزاد کروانے آے تب زید نے والدین کے ساتھ جانے سے انکار کیا اورآپﷺ کے ساتھ رہنے کو پسند کیا۔محبت کا یہ عالم تھا کہ آپﷺ نے زید کومنہ بولا بیٹا بنالیا اس کی وجہ سے زمانہ ان کو زید بن محمد کہنے لگا۔

صحابی کی محبت میں آپؐ کا رونا:- آپﷺ تشریف فرما تھے ایک صحابی نے آکر سنایا کہ فلاں نے چوری کی ہے۔ اس پر آپﷺ توجہ نہ دی۔پھر انہوں نے دوبارہ ذکر کیا تب بھی آپﷺ توجہ نہیں دیئے۔تیسری مرتبہ ذکر کرنے پر آپﷺ توجہ دیئے اور حکم دیا کہ شرعی اعتبار سے ان کا ہاتھ کاٹ دیں۔جب خاطی کا ہاتھ کاٹا جارہا تھا آپﷺ کی آنکھوں سے آنسوں بہہ رہے تھے۔اس پر صحابہؓ پریشان ہوگئے اورآپﷺ سے دریافت کیا کہ کیا معاملہ ہے۔آپ ﷺ نے کہا کہ میرے امتی کا ہاتھ کاٹا جائے تو میں کیسے برداشت کرسکتا ہوں۔یہاں اندازہ لگایا جاسکتا ہے کہ آپ ﷺ اپنے امتیوں سے کتنی محبت کرتے تھے۔

کچرا پھینکنے والی کی فکر:- جب آپﷺ راستہ سے گذرتے اس وقت ایک بوڑھیا آپﷺ پر روزانہ کچرا پھینکتی۔ایک دن آپﷺ پر کچرا نہیں گرا۔اس پر آپﷺ اس بوڑھیا کی خیریت پوچھنے اس تک پہونچے تب وہ بوڑھیا چونک گئی۔اس بوڑھیا نے پوچھا کہ آپ کون ہیں تب آپ ﷺ نے بتایا کہ میں اللہ کا رسول ہوں،اس پر بوڑھیا فوری اسلام کوقبول کیا اور ذکر کیا کہ میرے ذہن میں بدگمانی تھی، واقعی آپ اللہ کے پیغمبر ہو۔

امتیوں سے محبت:- ایک دفع جبرئیل علیہ السلام تشریف لائے جو بظاہر رنجیدہ محسوس ہورہے تھے۔اس پر آپﷺ نے اس کی وجہ دریافت کی۔جبرئیل علیہ السلام نے بتایا کہ اللہ نے جہنم کا نظارہ کروایا۔جہنم میں جہنمی چھ درجات میں تھے، چھٹے درجہ میں منافقین، پانچویں میں مشرکین، چوتھے میں سورج وچاند کی پرستش کرنے والے، تیسرے میں آتش کی پرستش کرنے والے، دوسرے میں یہودی، اور پہلے درجہ میں آپﷺ کے امتی دیکھے گئے۔اس پر آپﷺ کافی رنجیدہ ہوگئے۔آپﷺ نماز سے فارغ ہوکر اپنے حجرہ

تشریف لے جاتے اور رو رو کر امت کیلیے دعا کرتے پائے گئے۔ یہ عمل تین دن تک جاری رہا اس پر باری باری سے ابوبکر، عمر، علیؓ حجرہ میں جا کر آپ ﷺ سے بات کرنے کی کوشش کیئے پر آپ ﷺ دروازہ نہیں کھولے۔ تب فاطمہؓ کو جا کر بات کرنے کا مشورہ دیا گیا۔ جب فاطمہؓ دروازہ کھٹ کھٹائی تو آپ ﷺ نے دروازہ کھولا اور اندر آنے کی اجازت دی۔ فاطمہؓ کے دریافت کرنے پر آپ ﷺ نے اپنے امتیوں کا جہنم ہونے کا ذکر کیا اور رو رو کر امتیوں کی بخشش کے لیے اللہ سے گڑگڑا کر دعائیں کیں۔ یہاں اندازہ لگایا جا سکتا ہے کہ آپ ﷺ اپنے امتیوں سے کس قدر محبت کرتے تھے اور ان کی فکر میں کتنے آنسوں بہائے ہیں۔

یقیناً امتیوں پر لازم ہے کہ وہ اپنے ماں باپ- اولاد اپنی جان اور دنیا کی سب سے محبوب شے سے بڑھ کر آپ ﷺ سے محبت کریں جو ان شاء اللہ دنیا و آخرت کی کامیابی کی ضمانت ہے۔ اللہ تعالی ہم تمام امتیوں کو آپ ﷺ سے سب سے زیادہ محبت کرنیوالا بنائے۔ آمین۔

کیا آج کا انسان بالخصوص مسلمان اپنی ماں، بہن، بیٹی، کو وہ محبت دے پا رہا ہے اور کیا پڑوسی اور اپنے ملازم کو اس طرح کی عزت دے رہا ہے جب کہ رحمت العالمین کا ایک ایک عمل انسانیت کے لیے عملی سبق ہے اور قیامت تک رہے گا۔

زمانہ شاہد ہے کہ ''دور جدید'' جو علم کے اعتبار سے ''ترقی یافتہ'' کہلاتا ہے جس کے نتیجہ میں انسان چاند پر قدم رکھ چکا ہے اور ''مصنوعی ذہنیت'' کے استعمال سے مہینوں کا سفر گھنٹوں میں طے کر رہا ہے۔ پر بے انتہا افسوس کہ محبت اور عزت دینے والے عمل سے میلوں دور ہے۔ آج بھی انسانیت کو اس بات کی ضرورت ہے کہ آپ ﷺ کے عملی سبق پر ضرور عمل کرے۔ تب ہی دنیا میں انسان کو ذہنی و سماجی سکون میسر ہوگا اور اقتدار کے حصول کی حوص میں انسانوں کے درمیان پھیلائی گئی نفرت کی فضاء دور ہوگی اور نہ صرف دنیا میں سکون میسر ہوگا بلکہ آخرت میں بھی کامیابی نصیب ہوگی۔

اللہ تعالی سے دعا ہے کہ تمام انسانوں کو ایک دوسرے سے محبت کرنے والا بنائے۔ آمین۔

امدادالحق بختیار قاسمی- چیف ایڈیٹر عربی میگزین ''الصحوۃ الاسلامیہ'' وصدر شعبہ عربی ادب دارالعلوم حیدر آباد (انڈیا)

ہندو مصنفین کی سیرت نگاری - ایک تجزیاتی مطالعہ (۱)

تلخیص

رسول اللہ ﷺ کی ذات گرامی اس روئے زمین کی سب سے عظیم انقلاب آفریں شخصیت ہے، آپ کے اخلاق وکردار کی پاکیزگی، افکار وتعلیمات کی بلندی، جنگی اور سیاسی حکمت عملی، کامیابی وکامرانی کی بے نظیر شرح، مقبولیت ومحبوبیت کی حیرت انگیز وسعت اور اعلی ترین انسانی اوصاف وکمالات کی حامل زندگی اپنے اندر ایسی مقناطیسی کشش (Magnetic attraction) رکھتی ہے، جو ہر انصاف پسند طبیعت کو اپنی جانب مائل ہونے پر مجبور کردیتی ہے؛ ہندو مذہب جو اپنی الگ تہذیب اور عبادت کا مخصوص نظام کا رکھتا ہے، جہاں رشی منیوں اور اوتاروں کا ایک سلسلہ پایا جاتا ہے، جن کے پاس قدیم مذہبی کتابیں ہیں اور دین ومذہب کے ساتھ ان کی جڑیں بہت مضبوط ہیں۔

جب اس کے پیروکار نبی آخر الزماں کی حیرت انگیز اور بے مثال زندگی سے روشناس ہوئے، تو متاثر ہوئے بغیر نہیں رہ سکے۔ اور فطرت سلیمہ کی حامل غیر متعصب شخصیات نے رسول اللہ ﷺ کی مبارک زندگی کے مختلف پہلوؤں پر اپنا اشہب قلم دوڑایا، آپ کے پاکیزہ اوصاف وکردار کا برملا اعتراف کیا، متعصب گروہ کی طرف سے رسول اللہ ﷺ پر کیے گئے بے جا اعتراضات کی تردید کرتے ہوئے، ان کے عقلی جوابات دیے۔ قرطاس وقلم کی وادی میں عقیدت ومحبت کے پھول نچھاور کیے۔ بہت سے ہندو مصنفین نے سیرت رسول پر ایسی شاندار کتابیں لکھی ہیں، جن کی نظیر ہمارے مسلم سیرت نگاروں میں بھی کم ہی ملتی ہے؛ چنانچہ ہندو حضرات کی طرف سے مثبت انداز میں کی گئی سیرت نگاری کے بعض فن پارے تو ایسے ہیں کہ ان کے مطالعہ کی گہرائی اور استنباط نتائج پر حیرت ہوتی ہے، چند کتابیں تو اس قدر عقیدت کے ساتھ لکھی گئی ہیں کہ کہ بقول مولانا عبدالماجد دریا آبادی: ''ان کے حرف حرف سے عشق ومحبت کے آب کوثر کی بوندیں ٹپکتی ہیں اور ایک مسلمان کو بھی اس خلوص نیت پر رشک آنے لگتا ہے۔(۱)

یہ سنہرا سلسلہ ماضی بعید سے چلتا ہوا آرہا ہے، حال تک قائم ہے اور ان شاء اللہ قیامت تک جاری رہے گا۔ اردو، ہندی اور انگریزی تینوں زبانوں میں ہندو مصنفین کی سیرت کے موضوع پر کتابوں کا بڑا قابل قدر ذخیرہ پایا جاتا ہے۔ برصغیر کا خطہ اس حوالے سے بہت زرخیز ہے کہ یہاں کے ہندو شعرا، ادبا، فلاسفرز، سیاسی قائدین، مورخین اور مولفین کی ایک بڑی تعداد ہے؛ جنہوں نے رسول اللہ ﷺ کی شان اقدس میں منظوم ومنثور ہر دو اصناف میں عقیدت ومحبت کے فن پارے پیش کیے ہیں، مذہبی تقریریں، اخباری بیانات، سیاسی تقریریں اور نعتیہ اشعار کو چھوڑ کر صرف ایسی کتابوں کی فہرست تیار کی جائے؛ جن میں رسول اللہ ﷺ کی شخصیت اور حیات کو سوانحی انداز میں پیش کیا گیا ہے، تو ایسی کتابوں کی اچھی خاصی تعداد ہمیں دیکھنے کو ملتی ہیں، جن کو ہم مستقل کتب سیرت کہہ سکتے ہیں، اس کے علاوہ ہمیں ایسی

کتابوں میں بھی سیرت پر مواد ملتا ہے، جو بانیان مذاہب، منظوم کتب سیرت اور تاریخی طرز پر لکھی گئی ہیں۔ ہندوؤں کی سیرت نگاری کے عہد پر غور کرنے سے اس حقیقت کا ادراک ہوتا ہے کہ ہندوؤں کی طرف سے بیشتر سیرت لٹریچر ۱۸۵۷ء -۱۹۴۷ء کے درمیانی عرصہ میں وجود میں آیا ہے۔(۲)

ہم نے اپنے اس مقالہ میں اس موضوع کی دستیاب شدہ متعدد کتابوں تعارف پیش کیا ہے، ان کے اسلوب بیان پر روشنی ڈالی ہے، ان کتابوں کی خصوصیات کو نمایاں کیا ہے، ان کے بعض اہم اقتباسات بھی نقل کیے گئے ہیں، ہم نے اس موضوع پر لکھی گئیں زیادہ سے زیادہ کتابوں تک پہنچنے کی اپنی حدتک کوشش کی ہے۔

(۱) سوانح عمری حضرت محمد صاحب بانیٔ اسلام

اس کتاب کے مصنف شردھے پرکاش دیو جی ہیں، وہ براہمہ دھرم کے پرچارک اور مبلغ ہیں، لاہور کے برمھ مندر میں ان کا قیام تھا، مصنف کتاب ہادی عالم نبی آخرالزمان کی شان میں اپنی عقیدت ومحبت کا اظہار ان الفاظ میں کرتے ہیں:

''حضرت محمد صاحب بانیٔ مذہب اسلام جن کی سوانح عمری کا یہ مختصر سا خاکہ ہے، منجملہ ان بزرگ اشخاص کے ہیں، جنھوں نے قانون قدرت کے موافق جہالت اور تاریکی کے زمانے میں پیدا ہوکر دنیا میں بہت کچھ صداقت کی روشنی کو پھیلا دیا اور لوگوں کو روحانی ودنیاوی ترقی کا راستہ دکھایا ہے۔...... ریگستان عرب کے لیے محمد صاحب کا وجود اس کی عزت وعظمت کا باعث ہے؛ بلکہ آن حضرت ﷺ کی ذات سے جو فیض دنیا کو پہنچے ان کے لیے نہ صرف عرب؛ بلکہ تمام دنیا کو ان کا شکر گزار ہونا مناسب ہے۔ کون کونسی تکلیفیں ہیں جو اس بزرگ نے نسل انسانی کے لیے اپنے اوپر برداشت نہیں کیں اور کیا کیا مصیبتیں ان کو اس میں اٹھانی پڑیں؟ عرب جیسے ایک وحشی اور کندہ ناتراش ملک کو خدا کی توحید کی تعلیم دینا اور سیدھے راستہ پر لانا ایک ایسے ہی فلسفی مزاج کا کام تھا اور آخر اسی سے انجام ہوا۔ تنگ دل اور متعصب لوگ ایسے بزرگ کی نسبت کچھ ہی کہیں؛ لیکن جو لوگ انصاف اور کشادہ دل ہیں وہ کبھی محمد صاحب کی ان بے بہا خدمات کو کہ جو وہ نسل انسان کی بہبودی کے لیے بجالائے بھلا کر احسان فراموش نہیں ہوسکتے۔''(۳)

مصادر سیرت کے تعلق سے مصنف کتاب کی رائے کا تحقیقی جائزہ:

شری پرکاش دیو جی نے اپنی اس کتاب کے دیباچہ میں سیرت کی کتابوں اور اس کے مصادر کے علمی اور استنادی معیار کے بارے میں بڑی حیرت انگیز اور غیر تحقیقی بات لکھی ہے:

''آں حضرت ﷺ کے حالات میں جتنی کتابیں لکھی گئی ہیں، وہ زیادہ تر عربی زبان میں ہی لکھی گئی ہیں، جن تک اردوخواں پبلک کی دسترس نہیں ہے؛ اس کے علاوہ عربی میں بھی جو کتابیں لکھی گئی ہیں، ان میں واقعات کی تحقیق وتنقید کے بجائے خوش اعتقادی اور توہمات سے زیادہ کام لیا گیا ہے۔ ان کتابوں کو اگر اردو میں ترجمہ بھی کیا جائے تب بھی اہل اسلام کے سوا دیگر مذاہب کے پیرو ان کتابوں سے کچھ فائدہ نہیں اٹھا سکتے۔''(۴)

جبکہ یہ ایک مسلمہ حقیقت ہے کہ تمام ہادیان عالم میں سے کسی شخصیت کی زندگی اتنی مضبوط سندوں، مضبوط ذرائع اور تحقیقی روایتوں سے نقل کی گئی ہوں، جتنی رسول اللہ ﷺ کی حیات مبارکہ کے ایک ایک پہلو کو محفوظ کیا گیا ہے، علمی اور

استنادی اعتبار سے دنیا میں رسول اللہ ﷺ کی سیرت سے زیادہ کوئی سیرت معتبر نہیں ہے، رسول اللہ ﷺ کی حیات مبارکہ پر لکھی معتبر کتابوں میں کوئی ایک بات بھی نہیں پیش کی جاسکتی، جس کی بنیاد ''توہمات'' پر قائم ہو، نیز ''خوش اعتقادی'' میں بھی سیرت نگاروں نے ایسی مبالغہ آرائی سے کام نہیں لیا، جس کا حقیقت حال سے تعلق نہ ہو؛ ممکن ہے ''خوش اعتقادی اور توہمات'' جیسے الفاظ کے ذریعہ شری پرکاش دیوجی کا اشارہ معجزات کی طرف ہو، جنہیں غیر مذہب کے لوگ ہضم نہیں کر پاتے؛ چاہے اس کی سند کتنی ہی مضبوط کیوں نہ ہو۔ ہمارے اس خیال کی تائید اخبار زمیندار سے ہوتی ہے، جس میں اس کتاب کے اشتہار اور تعارف کے ذیل میں لکھا ہے:

> ''گو مصنف صاحب معجزات اور وحی کے قائل نہیں تھے؛ مگر ان کی تحریر صاف طور پر ثابت کر رہی ہے کہ اس کتاب ہیرو فی الحقیقۃ کامل اور اکمل بشر اور اپنے راسخ اور سچے متبعین کے لیے ذریعہ نجات وفلاح تھا۔'' (۵)

تالیف کا پس منظر

مصنف نے دیباچہ میں اس احساس کا شدت سے اظہار کیا ہے کہ ان کے زمانے تک سیرت پر کتابیں یا تو عربی زبان میں تھیں یا انگریزی میں، جن تک عام لوگوں کی پہنچ مشکل تھی، یا بعض ایسی تھیں جن میں سیرت کے کسی ایک پہلو کو ہی لیا گیا تھا؛ لہذا اردو زبان میں مکمل سیرت کی ضرورت محسوس کی جارہی تھی؛ اسی ضرورت کی تکمیل کے لیے انہوں نے یہ کتاب تالیف کی؛ چنانچہ وہ تحریر کرتے ہیں:

> ''ہماری خواہش ہے کہ اپنے ملک کے لوگوں کو ہر ملک اور ہر مذہب کے بزرگ اشخاص کی زندگی کے حالات سے واقف کیا جاوے؛ اس لیے ہم پر محمد صاحب کی سوانح عمری کا لکھنا بھی فرض تھا؛ مگر ہم کو تردد یہی تھا کہ ہم ان کی سوانح عمری کے لکھنے میں کس طرح کامیاب ہوں گے، اگرچہ انگریزی کتابوں سے بہت کچھ مدد مل سکتی ہے، مگر تاہم اس سے ہمارا اطمینان نہیں ہوتا؛ لیکن شکر ہے کہ ہمارے ایک دوست نے اس کام کی ذمہ داری کو اپنے اوپر لیا اور آخر بڑی محنت اور تلاش کے بعد انھوں نے حضرت محمد صاحب کی سوانح عمری کا کچھ حال قلمبند کر کے دیا ہے؛ اگرچہ یہ حال بہت مختصر ہے۔'' (۶)

کتاب کا تعارف

یہ کتاب تاریخی لحاظ اور مذہبی اعتبار سے اردو لٹریچر میں ایک وقیع اضافہ ہے، کتاب کا بیانیہ اور مضامین سیرت کے حوالے سے مصنف کی وسعت معلومات کا عکاس ہے۔ کتاب انصاف پسندی کا نمونہ اور تعصب سے پاک ہے، کتاب کی زبان اتنی سلیس اور پیرایہ بیان اتنا دلچسپ ہے کہ کتاب ختم کیے بغیر ہاتھ سے نہیں چھوٹتی، پڑھنے والے کے دل ودماغ میں رسول اللہ ﷺ کی عظمت، عزت، ادب واحترام جاگزیں ہوجاتی ہے۔ مصنف نے رسول اللہ ﷺ کی زندگی کے واقعات کو ایسی منصفانہ طرز سے مگر ساتھ ہی ایسی قابلیت کے ساتھ پیش کیا ہے کہ بہت اعتراضات جو اکثر متعصب مخالفین اسلام جیسے آریہ یا پادری صاحبان کیا کرتے ہیں جیسے جنگوں کے متعلق یا نبی ﷺ کے تعدد ازدواج کے متعلق وغیرہ ان کی تردید ساتھ ساتھ ہی ہوتی چلی گئی ہے۔

کتاب ۱۹۰۷ء میں لکھی گئی ہے، اس کی متعدد اشاعتیں منظر عام پر آچکی ہیں، ہمارے سامنے چوتھی اشاعت ہے، جو چھوٹے سائز میں (۱۳۴) صفحے کی ہے، کتاب سات ابواب پر مشتمل ہے، جن میں رسول اللہ ﷺ کی ولادت کے وقت کے عرب کی سماجی اور مذہبی حالت کو بیان کیا گیا ہے، نیز رسول اللہ ﷺ کے حسب ونسب، بچپن

کے ایام اور سن بلوغت سے (۲۵) سال کی عمر تک کے احوال، رسول اللہ ﷺ اور حضرت خدیجہ کے رشتے، ملکی مفاد میں کوشش، زید بن حارثہ کو آزاد کرنا، گوشہ نشینی کی طرف میلان، معبود برحق کی طرف توجہ، صداقت کا ظہور، درجہ نبوت، حضرت خدیجہ اور حضرت علی اور دیگر حضرات کا ایمان لانا، قریش کا مسلمانوں کو تکلیفیں پہنچانا، مسلمانوں کا ترک وطن کر کے ابی سینا کی طرف ہجرت کر جانا، خواجہ ابو طالب اور حضرت خدیجہ کی وفات، رسول اللہ ﷺ اور صحابہ پر قریش کا ظلم، طائف کا واقعہ، حضرت سودہ کے ساتھ نکاح اور سیدہ عائشہ کے ساتھ نسبت، دعوت و تبلیغ میں ثابت قدمی، چند اہل مدینہ کا ایمان لانا اور ان کا عہد و پیمان، معراج کا واقعہ، آپ ﷺ کے قتل کی سازش اور ہجرت کا واقعہ، انصار و مہاجرین کے درمیان کے مواخات، مسجد نبوی کی تعمیر، وعظ و نصیحت، سیدہ عائشہ سے ازدواج، سیدہ فاطمہ اور حضرت کا نکاح، انتظام خانہ داری، اہل مدینہ سے عہد و پیمان، یہود اور قریش کی عداوت، قریش کا مسلمانوں پر حملہ کرنے کی تیاریاں اور معرکہ بدر، قریش کا مدینہ پر دھاوا، رسول اللہ ﷺ کا اللہ تعالی پر بھروسہ اور یقین، سیدہ حفصہ سے نکاح، سیدہ ام کلثوم کا حضرت عثمان غنی سے نکاح، قریش کا دوسرا حملہ اور احد کی لڑائی کا مفصل حال، بنوالمصطلق کی سرکشی اور شکست، سیدہ جویریہ بنت الحارث کے ساتھ رشتہ ازدواج، غلاموں کی آزادی، عبد اللہ بن ابی کی شرارت، سیدہ عائشہ پر بہتان، غزوہ خندق، بنو قریظہ پر چڑھائی۔ رسول اللہ ﷺ اور مہاجرین کی یاد وطن، حج کا شوق، مکہ والوں کے ساتھ صلح، آس پاس کے شہنشاہوں کے ساتھ سفارتیں، یہودیوں کی سرکشی اور خیبر پر چڑھائی، حجۃ الوداع کا واقعہ، اہل روما پر چڑھائی، فتح مکہ، ۹ تا ۱۰ ہجری کے مختصر واقعات اور نبی ﷺ کی وفات، ان عنواین کے تحت کلام کیا گیا ہے۔

اس طرح یہ کتاب اختصار کے ساتھ رسول اللہ ﷺ کی زندگی کے اہم مراحل پر محیط ہے۔

کتاب کے تعلق سے خواجہ الطاف حسین حالی کا درج ذیل تبصرہ بڑا وقیع ہے:

اس کتاب کی نسبت جو کچھ میں نے اخباروں میں دیکھا اور لوگوں سے زبانی سنا تھا، اس سے بہت زیادہ اس کو تعریف کے لائق پایا، معزز مصنف نے یہ کتاب لکھ کر سچائی اور حق پسندی کی ایک ایسی مثال قائم کی ہے، جس کی ہم سب ہندوستانیوں کو تقلید کرنی چاہیے۔ (۷)

محل نظر مقامات:

رسول اللہ ﷺ نے غار حرا کس عمر سے جانا شروع کیا اس کے بارے میں مولف لکھتے ہیں:

> ''محمد صاحب کی عادت تھی کہ وہ آٹھ برس ہی کی عمر سے باہر پہاڑوں اور بیابانوں میں اکیلے پھرا کرتے اور صحیفہ فطرت (نیچر) کا سبق پڑھتے تھے۔ وہ ایک سنسان غار میں جو تاریخ میں غار حرا کے نام سے مشہور ہے جا کر اپنے وقت کا بہت سا حصہ صرف کیا کرتے تھے۔'' (۸)

حالانکہ سیرت کی کتابوں میں لکھا ہے کہ آپ ﷺ نے (۳۵) سال کی عمر کے بعد غار حرا میں خلوت گزینی اختیار کی۔ آٹھ برس کی بات کہیں مذکور نہیں۔ (۹)

پہلی وحی کے سلسلہ میں صفحہ (۲۹) کے حاشیہ پر لکھتے ہیں:

> ''مگر بعض مسلمان یہ عقیدہ رکھتے ہیں کہ فرشتہ کوئی نہیں آیا، صرف ان کے دل ہی میں یہ القاء ہوا تھا اور خود بخود ان کی زبان سے یہ پانچ آیتیں نکلی

تھیں۔'' (۱۰)

حالانکہ یہ کسی مسلمان کا عقیدہ نہیں ہے، سب اس پر متفق ہیں کہ پہلی وحی کے موقع پر جبرئیل تشریف لائے تھے اور انہوں نے سورہ علق کی ابتدائی آیتیں رسول اللہ ﷺ کا پڑھوائی تھیں۔

ہجرت کے موقع پر آپ ﷺ اپنے مکان سے ابوبکرؓ کے مکان کس طرح تشریف لے گئے، اس حوالے سے لکھتے ہیں:

''آنحضرت ﷺ مکان کے پچھلی طرف سے کود کر ابوبکر کے ہاں چلے گئے اور وہاں سے دونوں راتوں رات بھاگ کر ایک غار میں پناہ گزین ہوئے۔'' (۱۱)

جبکہ اس روایت کی کوئی حیثیت نہیں اور نہ ہی ایسی کوئی روایت کتب سیرت میں ملتی ہے۔ ہجرت کے متعلق تمام روایات میں واضح طور پر یہ چیز ملتی ہے کہ آپ ﷺ اپنے گھر کے دروازے میں سے قریش کی آنکھوں کے سامنے گئے اور کسی کو کچھ پتہ نہ چل سکا۔

احد کے موقع پر مسلمانوں کی فوج میں سے جنگ سے قبل مدینہ واپس لوٹنے والے تین سو منافقین کے بارے میں شردھے پرکاش دیوجی لکھتے ہیں کہ وہ یہودی تھے:

''اہل اسلام کی کل فوج گنتی میں ایک ہزار ہوئی، جن میں سے تین سو یہودی تھے، جن پر اہل اسلام کو پورا بھروسہ نہ تھا؛ اس لیے وہ تین سے کو تین سو واپس ہوگئے۔'' (۱۲)

جبکہ حقیقت یہ ہے کہ وہ تین سو عبد اللہ بن ابی اور اس کے ساتھی تھے، جو قبیلہ خزرج کے سرداروں میں سے تھا۔

عہد شکنی اور غداری کی پاداش میں بنو قریظہ کے کتنے لوگ قتل کیے گئے، اہل سیر کا اس میں اختلاف ہے، سیرت نگاروں نے یہ تعداد (۶۰۰) سے (۷۰۰) کے درمیان لکھی ہے؛ لیکن اس کے برعکس شردھے پرکاش دیوجی لکھتے ہیں:

''کہتے ہیں کہ تقریباً (۲۵۰) مجرم جرم بغاوت میں سزائے موت سے سزایاب ہوئے۔'' (۱۳)

فتح مکہ کے بیان کے ذیل میں ہندہ کے بارے میں لکھتے ہیں:

''مسماۃ ہندہ بھی آپ کی خدمت میں پیش کی گئی، یہ ابو سفیان کی بیوی تھی، جس نے اپنے شوہر کی ڈاڑھی پکڑ کر اسے جوتیوں سے پیٹا تھا کہ یہ مسلمان کیوں ہوگیا۔'' (۱۴)

حالانکہ جوتیوں سے مارنے کی بات کہیں نہیں ملتی، اتنی بات ضرور ملتی ہے کہ اس نے ابوسفیان کو برا بھلا کہا تھا۔

حواشی وحوالہ جات

(۱) دارا، گوردت سنگھ، رسول عربی، مجلس اردو ماڈل ٹاؤن لاہور، ۱۹۴۱ء، صفحہ ۱۱، بحوالہ: ہندوؤں کی سیرت نگاری کا ناقدانہ جائزہ- روایات سیرت کے تناظر میں، صفحہ ۲۷۷۔

(۲) پروفیسر حافظ محمد نعیم، ہندوؤں کی سیرت نگاری کا ناقدانہ جائزہ- روایات سیرت کے تناظر میں، جہات الاسلام، سیرت نمبر، جلد ۴، (جولائی-دسمبر ۲۰۱۰ء جنوری-جون ۲۰۱۱ء) شمارہ ۱، ۲، صفحہ ۲۷۶-۲۷۷)

(۳) شردھے پرکاش دیو، دیباچہ کتاب حضرت محمد صاحب، صفحہ ۳، ۴۔

(۴) حوالہ بالا، صفحہ ۵۔

(۵) اخبار زمیندار، ۲۸/نومبر ۱۹۰۷ء، بحوالہ حضرت محمد صاحب، صفحہ ۵۔

(۶) حوالہ بالا، صفحہ ۵۔

(۷) دیباچہ کتاب حضرت محمد صاحب، صفحہ ۲۔

(۸) حضرت محمد صاحب بانی اسلام، ص ۲۰۔

(۹) جہات الاسلام، سیرت نمبر، جلد ۴، شمارہ ۱، ۲، صفحہ ۲۷۸۔

(۱۰) حضرت محمد صاحب بانی اسلام، ص ۲۹۔

(۱۱) حوالہ بالا، ص ۵۸۔ (۱۲) حوالہ بالا، ص ۴۷۔

(۱۳) حوالہ بالا، ص ۹۲۔ (۱۴) حوالہ بالا، ص ۵۸۔

امدادالحق بختیار قاسمی- چیف ایڈیٹر عربی میگزین ''الصحوۃ الاسلامیہ'' وصدر شعبہ عربی ادب دارالعلوم حیدر آباد (انڈیا)

ہندو مصنفین کی سیرت نگاری — ایک تجزیاتی مطالعہ (۲)

(۲) عرب کا چاند

سوامی لکشمن پرشاد نے اپنی زندگی کی صرف چھبیس بہاریں ہی دیکھیں؛ چنانچہ وہ ۱۹۳۹ء میں چھبیس سال کی عمر میں وفات پاگئے، سوامی جی دنیا کی مایہ ناز عظیم شخصیتوں کی سوانح حیات مرتب کرنا چاہتے تھے؛ لہذا ان کے قلم گوہر رقم نے سب سے پہلے رحمۃ للعالمین ﷺ کی شخصیت کا انتخاب کیا؛ چنانچہ وہ رقم طراز ہیں:

متذکرہ بالا خیالات کو مدنظر رکھتے ہوئے میں نے دنیا کی ان عظیم المرتبت اور نادرہ روزگار ہستیوں کے حالات بابرکات کو صفحۂ قرطاس پر لانے کا ارادہ کرلیا ہے، جنہوں نے دنیا کی جہالت کی شب تاریک میں علم وعرفان کی ضیا پاشیوں سے روشنی پھیلائی اور اپنے اصول کے مذبح پر اپنی زندگی کے تمام عیش وعشرت کو بے دریغ قربان کردیا۔ دنیا کی ان جلیل القدر ہستیوں میں جن کے اسمائے گرامی ہاتھ کی انگلیوں پر شمار کیے جا سکتے ہیں، رحمۃ للعالمین، شفیع المذنبین، سید المرسلین، خاتم النبیین، باعث فخر موجودات، سرور کائنات حضرت محمد مصطفیٰ، احمد مجتبیٰ علیہ الصلاۃ والتسلیم کو کئی اعتبار سے ایک خاص امتیاز حاصل ہے؛ اسی لیے میں نے سب سے پہلے اسی قابل تعظیم، فخر روزگار ہستی کی حیات مطہرہ کے حالات قلم بند کرنے کا شرف حاصل کیا ہے۔ (۱۵)

کتاب کا تعارف

یہ کتاب (۴۱۹) صفحے پر مشتمل ہے، ۱۹۳۲ء میں لکھی گئی ہے، اس کے دو حصے ہیں: پہلے حصے میں مکی دور کے احوال درج ہیں اور دوسرے حصے میں مدنی زندگی کے واقعات قلم بند کیے گئے ہیں۔ دونوں حصوں کے چند عناوین ملاحظہ فرمائیں: دنیا کے مطلع پر جہالت کی گھنگھور گھٹائیں، شمع حرم کی شعاع ریزیاں، نور محمدی کی برکات عظیمہ، حضور انور کی آفرینش کی صبح درخشاں، ازدواجی زندگی کا مہکتا ہوا گلشن، نقش حیات، ہجرت کی تیاریاں، کفار کی عیارانہ چالوں کا ایک ادنی نمونہ، خیبر کے یہودیوں کی شرانگیزیاں۔

صرف عناوین کی ساخت اور ان میں الفاظ کے انتخاب سے اندازہ لگایا جا سکتا ہے کہ عشق ومحبت میں ڈوب کر اور قلم کو ادب سے معطر کر کے اس کتاب کا ایک ایک لفظ جڑا گیا ہے؛ چناں چہ اس کتاب کی دو بڑی اہم خوبیاں ہیں:

(۱) اس میں رسول اللہ ﷺ کے معجزات کو بھی بلا کم وکاست بیان کیا گیا ہے اور جنگی واقعات کو بھی بغیر کسی ہچکچاہٹ کے ذکر کیا گیا ہے؛ جبکہ اول الذکر کو غیر مذہب کے حضرات توہمات پر محمول کرتے ہیں اور ثانی الذکر پر قلم چلاتے ہوئے بعض مسلمان محققین بھی معذرت خواہانہ انداز اور دفاعی پوزیشن میں آجاتے ہیں یا بے جا تاویل کا دامن تھامنے لگتے ہیں۔

(۲) کتاب کی دوسری بڑی خوبی یہ ہے کہ یہ اردو زبان وادب کا ایک انمول شاہکار ہے، حسین ادبی پیرہن میں اسے ملبوس کیا گیا ہے، الفاظ کا انتخاب، جملوں کی

ساخت اور زبان کی سلاست اثر آفریں اور سحر انگیز ہے، پہلی مرتبہ کسی ہندو مصنف نے سیرت نبوی کو اتنے خوبصورت پیرایہ میں پیش کرنے کی سعادت حاصل کی ہے؛ بلکہ معمولی؛ مگر بنیادی تصرف کے بعد اگر مولف کے الفاظ میں کہوں تو یہ کتاب:

ادب وتاریخ کے امتزاج کا وہ دل فریب مرقع ہے، جس کی روح نواز تصویر مولف نے عالم تصور میں تخیل کے مو قلم کی نگار آرائیوں سے تیار کی تھی، جہاں یہ کتاب گلہائے ادب کا دل پذیر گلدستہ ہے، وہیں تاریخی حقائق کا بصیرت افروز مجموعہ ہے، مولف نے شیدایان جمال مصطفوی اور سوختہ دلان جلوہ احمدی کی خدمت اقدس میں حضور انور ﷺ سے اپنے عشق جنوں نواز کی ایک دل دوز داستان کا ایک حسین ورق بطور نذر پیش کیا ہے۔

چنانچہ سوامی جی نے کتاب کو زبان کی پختگی وشائستگی، تشبیہ واستعارہ کی فراوانی، اسلوب کی دل آویزی، تخیل کی بلندی اور الفاظ کی کامل مہارت سے اپنی مثال آپ بنایا ہے، کتاب کی ابتداء میں جو ادبی اسلوب اختیار کیا ہے، آخر تک اسی انداز میں ڈھالا ہے، پوری کتاب میں کہیں زبان کی گرفت ان سے نہیں چھوٹی ہے۔ یہ کتاب اپنا مخصوص ادبی مقام رکھنے کے ساتھ ساتھ تاریخی حقائق کے بیان کرنے میں بھی بالعموم کتب تاریخ وسیرت سے انحراف نہیں کرتی۔ یہ کتاب لوازمات سیرت نگاری سے متصف ہے؛ لیکن کتاب میں ماخذ کے حوالے کم ہیں، صرف روضۃ الاحباب، ولیم میور اور کارلائل کی کتب کے نام ہیں۔

سوامی جی کا مقصد اس کتاب کے ذریعہ یہ تھا کہ مسلمانوں کو جھنجھوڑا جائے، ان کے خوابیدہ، افسردہ، بے حس اور منجمد دلوں میں احساسات تازہ کیے جائیں اور اس بات کا یقین دلایا جائے کہ بنی نوع انسان کے لیے قابل اتباع اور نظام حیات کا عملی نمونہ حضرت محمد ﷺ کی سیرت مبارکہ ہے۔ (۱۶)

معجزات کے حوالے سے مولف کا نظریہ درج ذیل اقتباس سے ظاہر ہے:

حیرت انگیز واقعات، استعجاب انگیز کرشمے، خوارق عادت باتیں یہ سب ایسی چیزیں ہیں جو کم وبیش دنیا کے ہر بڑے مذہبی اور روحانی پیشوا کے دامن کے ساتھ وابستہ ہیں۔ ممکن ہے بہت صورتوں میں ان پر عقیدت مندوں کی مبالغہ آفرینی کا رنگ بھی چڑھ گیا ہو؛ مگر ان کی تہہ میں صداقت موجود ہے، اس سے انکار نہیں کیا جاسکتا۔ (۱۷)

کتاب کے حوالے سے سوامی جی خود لکھتے ہیں:

"میں نے جو کچھ لکھا ہے، اپنے ضمیر کی روشنی میں لکھا ہے، کسی فرد بشر یا کسی قوم کی خوشنودی کی خاطر اپنے ضمیر کو دھوکا نہیں دیا ہے، میں اس کتاب کا حق پوری طرح ادا کرنا چاہتا ہوں کہ عرب کے چاند میں خاتم النبیین کی حیات مبارکہ کو رقم طراز کرسکوں۔ میں بھی عام انسانوں کی طرح ایک انسان ہوں اور انسانی کمزوریوں اور لغزشوں سے مبرا نہیں ہوں۔ اس لیے میں نے اپنی جانب سے اس کتاب میں کوئی کمی نہیں چھوڑی ہے۔" (۱۸)

(۳) سیرت رسول عربی

سردار گوردت سنگھ صاحب دارا بیرسٹر وایڈیٹر اخبار ہند لندن کی یہ کتاب ہے، کتاب کی کل ضخامت ۱۲۴ صفحات ہیں، یہ کتاب ۱۹۱۴ء میں لکھی گئی ہے؛ لیکن ۱۹۲۴ء کی اشاعت ہمارے زیر مطالعہ ہے، کتاب کا آغاز فارسی کے دوشعر سے ہوتا ہے، اس کے بعد مولف رسول اللہ ﷺ کی شان میں اپنی

عقیدت کا اظہار درج ذیل الفاظ میں کرتے ہیں:

ایک صاحب کمال آیا، جس نے جلوۂ حق دکھایا، جس کسی نے اسے پریم کی انکھڑیوں سے دیکھا، اس کی تمنائے زندگی پوری ہوگئی، جس کی نگاہ شوق اس پر پڑگئی اسے منھ مانگی مراد مل گئی، جس بشر کو اس موہن نے اپنا درشن دیا اس کے جنم جنم بھر کا پاپ کٹ گیا۔ (۱۹)

کتاب میں جگہ جگہ فارسی اور اردو کے اشعار ہیں، جن کے ذریعہ مولف نے رسول اللہ ﷺ کی شان میں خراج عقیدت پیش کیا ہے اور اپنی محبت وعقیدت کا اظہار کیا ہے۔

کتاب کی زبان عشق ومحبت میں ڈوبی ہوئی اور عقیدت ووارفتگی کی موج کوثر میں ڈھلی ہوئی ہے، وہ ایک بچھڑے ہوئے محبوب کی طرح رسول اللہ ﷺ کو یاد کرتے ہیں؛ چنانچہ ایک مقام پر وہ لکھتے ہیں:

اے ہمالہ کی بلند چوٹیوں! تم ہی کچھ کہو، سینکڑوں رشیوں نے تمہاری شفقت اور پیار کی گود میں نواس کیے، صدہا جوگیوں نے تمہارے پہلو سے محبت میں جوگ کمائے، ہزاروں تپیشروں نے تمہاری آغوش الفت میں تپ دھارے، لاکھوں گوروؤں سدھوں نے تمہارے ہاں چرن کنول ڈالے: مگر سچ کہنا، کہیں دیکھا ہو تم نے وہ مکہ کا راج دلارا، کہیں نظر پڑا ہو تمہیں وہ مدینہ کا پیارا۔ (۲۰)

الغرض پوری کتاب اسی عشق کی زبان اور اسی محبت کے پیرایہ میں رقم کی گئی ہے۔ کتاب کل تین ابواب میں منقسم ہے:

پہلے باب میں عرب کی سماجی زندگی سے شروع ہوکر حضرت خدیجہ سے مناکحت پر ختم ہوتا ہے، حضرت خدیجہ سے تعلق اور مناکحت کو قدرے تفصیل اور ادبی زبان میں بیان کیا گیا ہے، اگر چہ اس ادب کی وجہ سے کہیں کہیں بعض الفاظ غیر مناسب آگئے ہیں، جیسے حضرت خدیجہ اور رسول اللہ ﷺ کے ابتدائی تعلقات کے ذکر میں آپ ﷺ کے لیے ''رنگیلا، رسیلا جوان'' کی تعبیر لائی گئی ہے۔

باب دوم حضرت زید بن حارثہ کے حالات سے شروع ہوکر ہجرت مدینہ اور مدینہ میں اذان کی ابتداء کے مضمون پر اختتام پذیر ہوتا ہے۔

باب سوم کا آغاز رسول اللہ ﷺ کی اہل مدینہ میں دعوت اخوت ومحبت، قومیت اور اتحاد واتفاق سے ہوتا ہے اور حجۃ الوداع اور رسول اللہ ﷺ کی رحلت پر ختم ہوتا ہے۔

کتاب ایک طویل مرثیہ پر ختم ہوتی ہے، جس کے ابتدائی اشعار یہ ہیں:

جب امت کو سب مل چکی حق کی نعمت
ادا کر چکی فرض اپنا رسالت
رہی حق پہ باقی نہ بندوں کی حجت
نبی نے کیا خلق سے قصدِ رحلت

اور اس کا آخری بند ہے:

سیدی انت حبیبی وطبیب قلبی
آمدہ سوئے تو قدسی پئے درمان طلبی (۲۱)

محل نظر مقامات

سردار جی ایک مقام پر لکھتے ہیں کہ ولادت باسعادت کے بعد عبد المطلب آپ ﷺ کو خانہ کعبہ لے گئے، وہاں موجود بتوں کو سجدہ کیا، ان کا شکر ادا کیا اور ان سے بچہ کی طویل عمر کے لیے دعا مانگی، جو بالکل بے سند اور غلط ہے، چنانچہ وہ لکھتے ہیں:

''مطابق رسم ورواج عرب کے اب بچہ کو خانہ کعبہ لے

جانا تھا، چنانچہ عبدالمطلب نے اسے گود میں لے لیا اور طواف کے لے چلا، حرم محترم میں پہنچ کر بزرگ نے ان سلوں کو سجدہ دیا اور بتوں کے آگے سر جھکایا اور ان کے حضور میں دعا مانگی کہ اے بتو! میرا بخت خفتہ بیدار ہوا، میرا بھولا بھٹکا نصیب یاور ہوا، جو میرے بیٹے کے گھر بیٹا ہوا، اے مندر کی مورتیوں، میرے بچہ کو حیات بخشیو اور اس کی عمر دراز کی جیو۔'' (۲۲)

سردار گوردت سنگھ نے بھی لکھا ہے کہ رسول اللہ ﷺ لڑکپن سے ہی غار حرا جا کر خلوت نشینی کرتے تھے؛ چنانچہ وہ لکھتے ہیں:

''آپ کی طبیعت میں لڑکپن ہی سے یہ عادت موجود تھی کہ آپ آبادی سے دور کسی گوشۂ تنہائی میں جا بیٹھتے اور من بچار کرتے رہتے؛ بالعموم غار حرا میں آپ کا جانا ہوا کرتا تھا۔'' (۲۳)

پہلی وحی کے بیان میں ان کے اسلوب سے لگتا ہے کہ نہ جبریئل آئے اور نہ رسول اللہ ﷺ نے جبریل کو دیکھا؛ بلکہ وحی کے تمام مضامین غیب سے آنے والی ایک انجانی آواز کی شکل میں تھے؛ چنانچہ وہ لکھتے ہیں:

''ایک دن حسب معمول آپ غار حرا میں بیٹھے سوچ میں محو تھے کہ ناگاہ ایک آواز غیب سے آئی کہ اے محمد پڑھ، آپ نے جو ہیں سنا کہ گھبرا گئے کہ یہاں نہ آدم ہے اور نہ آدم زاد، یہ کیا ماجرا ہے!'' (۲۴)

(۴) حضرت محمد اور اسلام

پنڈت سندر لال کا منصوبہ یہ تھا کہ دنیا بھر کے دھرم، مذہب اور کلچر پر ایک ضخیم کتاب مرتب کی جائے، اسی منصوبہ کے ضمن میں انہوں نے رسول اللہ ﷺ کی سیرت لکھی؛ لیکن اس کی اہمیت، ضرورت اور مطالبہ کی وجہ سے اسے الگ کتابی شکل میں شائع کیا گیا۔

کتاب ۲۲۴ صفحات پر مشتمل ہے، کتاب کے آغاز میں عرب کے جغرافیائی، تہذیبی، مذہبی اور سیاسی احوال بیان کیے گئے ہیں، پھر رسول اللہ کی ولادت باسعادت، جوانی تک کے حالات، تجارتی مشغولیت، صادق وامین ہونا، خلوت نشینی، پہلی وحی، آغاز دعوت، بعد ازاں مصیبتوں کے تیرہ سال، مدینہ میں بحیثیت بادشاہ، دعوت کے طریقہ، جنگ بدر واحد، مکہ کی پہلی یاترا، صلح حدیبیہ، یہودیوں اور مسلمانوں میں میل، روم والوں سے لڑائی اور جیت، فتح مکہ، اسلامی حکومت، پیغمبر کی شادیاں، آخری دن، پیغمبر کا رہن سہن، اسلام دھرم کا نچوڑ اور یورپ والوں کی کچھ رائے، ان موضوعات پر پنڈت سندر لال نے اپنی کتاب میں بحث کی ہے۔

پنڈت جی کی اس کتاب کی ایک خوبی یہ ہے کہ دیگر کتابوں کی بنسبت ہمیں اس میں حوالہ جات بکثرت ملتے ہیں، جن سے اندازہ ہوتا ہے کہ مصنف نے کتاب کی تالیف صرف عقیدت کی بنیاد پر نہیں؛ بلکہ علمی معیار پر کی ہے۔ بعض اہم مصادر ومراجع کی ایک فہرست کتاب کے آخری صفحہ پر بھی دی گئی ہے؛ لیکن تمام مصادر سے یہی معلوم ہوتا ہے کہ پنڈت جی نے زیادہ تر انگریزی کتابوں سے مدد لی ہے۔

اخیر میں پنڈت جی ایک حوالے سے لکھتے ہیں:

''محمد صاحب کو ایک ساتھ تین چیزوں کو قائم کرنے کی خوش قسمتی ملی: ایک قوم، ایک راج اور ایک دھرم۔ اتہاس میں کہیں اس طرح کی کوئی دوسری مثال نہیں ملتی۔ محمد صاحب کے مرنے کے سو برس کے بعد عربوں کا سامراج جتنا بڑا اور جتنی دور تک پھیلا ہوا تھا، روم کا مشہور سامراج اپنے اچھے سے اچھے دنوں میں کبھی نہ اتنا بڑھا، نہ اتنی دور تک پھیلا۔'' (۲۵)

محل نظر مقامات:

پہلی وحی کے بعد رسول اللہ ﷺ پر طاری ہونے والی اضطرابی کیفیت کو آپ ﷺ نے کس طرح بیان کیا، پنڈت جی لکھتے ہیں:

"خدیجہ مجھے کیا ہوگیا ہے، میں پاگل تو نہیں ہوگیا ہوں؟" (۲۶)

جبکہ یہ بالکل غلط بیانی ہے، رسول اللہ ﷺ نے یہ لفظ استعمال نہیں فرمایا۔

حضرت صفیہؓ کے حوالے سے لکھتے ہیں کہ وہ یہودیہ تھیں اور رسول اللہ ﷺ سے شادی کے بعد بھی اخیر تک اپنے مذہب پر قائم رہیں، (۲۷) جو بلا دلیل بلکہ خلاف دلیل ہے۔ رسول اللہ ﷺ کی نماز جنازہ کے تعلق سے لکھا کہ حضرت ابوبکرؓ اور حضرت عمرؓ نے آپ ﷺ کی نماز جنازہ پڑھائی۔ (۲۸) جبکہ آپ ﷺ کی نماز جنازہ کسی نے نہیں پڑھائی۔ نیز لکھتے ہیں کہ محمد صاحب ﷺ نے اپنی زندگی بھر کبھی کوئی کرامت، معجزہ یا چمتکار دکھایا اور نہ دکھا سکنے کا دعوی کیا۔ (۲۹) پنڈت جی کے اس دعوی کا پہلا جز غلط اور دوسرا صحیح ہے۔

حواشی وحوالہ جات

(۱۵) عرب کا چاند، سوامی لکشمن، صفحہ ۲۵، مکتبہ تعمیر انسانیت، اردو بازار، لاہور۔

(۱۶) نقیب الہند، لکشمن پرشاد کی کتاب عرب کا چاند ایک نظریاتی مطالعہ، مقالہ ڈاکٹر محمد مصعب انصاری۔

naqeebulhind.hdcd.in۔

(۱۷) عرب کا چاند، صفحہ ۵۲۔

(۱۸) حوالہ بالا، صفحہ ۳۰، ۲۹۔

(۱۹) سردار گوردت سنگھ، سیرت رسول عربی، اشاعت ۱۹۲۴ء، صفحہ ا۔

(۲۰) حوالہ بالا، صفحہ ۳، ۴۔

(۲۱) حوالہ بالا، صفحہ ۱۲۳، ۱۲۴۔

(۲۲) حوالہ بالا، ص ۱۳۔

(۲۳) حوالہ بالا، ص ۳۲۔

(۲۴) حوالہ بالا، ص ۳۴۔

(۲۵) پنڈت سندر لال، حضرت محمد اور اسلام، بشمبھر ناتھ وسوانی پریس، ساؤتھ ملاکہ، الہ آباد، (۱۹۴۲ء) صفحہ ۲۲۴۔

(۲۶) حضرت محمد اور اسلام، صفحہ ۱۵۳۔

(۲۷) حوالہ بالا، صفحہ ۱۷۱۔

(۲۸) حوالہ بالا، صفحہ ۱۸۲۔

(۲۹) حوالہ بالا، صفحہ ۶۵۔

عبدالودود انصاری۔ سابق پرنسپل :اردو میڈیم گورنمنٹ ٹیچرس ٹریننگ انسٹی ٹیوٹ، پوسٹ : نالی کل۔ 712407 (مغربی بنگال)

خواتین کے حج و عمرہ کے چند سفر نامے

ایک اجمالی تعارف

حج ایک ایسی عبادت ہے جو چند شرائط پوری ہونے کے بعد ہر مسلمان خواہ وہ مرد ہو یا خاتون پر اسی طرح فرض ہے جس طرح روزہ اور نماز فرض ہیں۔

اللہ کا اصول ہے کہ نیکی کے معاملے میں مرد یا عورت نہیں دیکھتے دیکھتا ہے بلکہ جو کوئی بھی نیکی کرتا ہے اللہ اسے اس کا اجر پورا پورا دیتے ہیں۔ اللہ اپنی سچی کتاب قرآن مجید میں اف صاف فرمایا ہے:

''میں کسی شخص کے کام کو جو کہ تم میں سے کام کرنے والا ہو، اکارت نہیں کرتں خواہ وہ مرد ہو یا عورت۔'' سورہ: آلِ عمران، آیت:195)

مفتی شفیع صاحب عثمانی لکھتے ہیں: ''لیکن امور آخرت اور رضائے الٰہی کا تمام تر مدار ایمان اور عملِ صالح پر ہے۔ وہاں درجات کی ترقی و تنزلی، ایمان و عمل کے مطابق ہوتا ہے۔ اس لئے امور آخرت میں یہ ضروری نہیں کہ مرد کا ہی درجہ عورتوں سے بلند رہے۔ یہ بھی ہوسکتا ہے اور حسب تصریح آیات و روایات صحیحہ ایسا بھی ہوگا کہ بعض عورتیں اپنی اطاعت و عبادات کے ذریعے سے بہت سے مردوں پر فائق ہو جائیں گی اور ان کا درجہ بہت سے مردوں سے بڑھ جائے گا۔'' (معارف القرآن۔ ج/۱۔ص:493)

لہٰذا وہ بڑا ہی خوش نصیب انسان ہے چاہے وہ مرد ہو یا عورت جسے اللہ حج کے لئے اپنا گھر بیت اللہ بلاتا ہے اور اپنے پیارے حبیب کے روضۂ مبارک کی دیدار کراتا ہے۔ حج ایک ایسی عاشقانہ عبادت ہے کہ یہ ایک وقت میں بدنی، مالی اور روحانی تینوں چیزوں پر مشتمل ہے۔ یہ خصوصیت کسی اور عمل کو حاصل نہیں ہے۔ جو اس کی ادائیگی میں تاخیر کرے اس کے لئے اللہ اور اُس کے رسول نے سخت وعیدیں سنائی ہیں۔

حج محبت اور عشق کا سفر اور روحانی سیر ہے جو اسباب سے زیادہ ذوق و شوق اور قلبی تڑپ کے ساتھ توفیق الٰہی سے طے ہوتا ہے۔ یہ سفر قسمت والوں کو ہی نصیب ہوتا ہے:

جسے چاہا در پہ بلالیا، جسے چاہا اپنا بنالیا
یہ بڑے کرم کے ہیں فیصلے، یہ بڑے نصیب کی بات ہے
نہ کہیں سے ہیں دور منزلیں، نہ کوئی قریب کی بات ہے
جب چاہیں اس کو نواز دیں، یہ درِ حبیب ﷺ کی بات ہے

(منور بدایونی)

بقول **ڈاکٹر اظہر محمد حیات**: ''سفر حج رحمتوں، رفعتوں اور برکتوں کا ایسا ایمان افروز سفر ہے کہ دنیاوی مقاصد کے لئے کی جانے والی ہر مسافت اس کے مقابلے کم تر و کم حیثیت ہے۔ اللہ تعالیٰ کی وحدانیت پر پختہ یقین اور اسوۂ رسول اللہ صلی اللہ علیہ وسلم کی پیروی ایک مسلمان کے علم و عمل میں جاگزیں ہو تو یہ بابرکت سفر راحت جاں اور طمانیت قلب کا

باعث بن جاتا ہے۔ کچھ رکاوٹیں، کچھ آزمائشیں، کچھ مشقتیں راہ میں حائل ہوں تو جادۂ عشق مصطفی کے مسافروں کا ذوق وشوق مزید ولولہ انگیز بن جاتا ہے۔ سفر حج تو دراصل ربِ کعبہ کے اختیار میں ہے جسے چاہتا ہے بلا بھیجتا ہے۔ بندہ اسی بلاوے پر لبیک کہہ کر چل پڑتا ہے۔ (لبیک: ڈاکٹر محمد اظہر حیات، ص:12)

شاعر نے صحیح کہا ہے:

وہی لوگ لائق رشک ہیں جو یہ کام خیر کر گئے
وہ جو عازمین حرم ہوئے، وہ جو اپنے مولا کے گھر گئے
(شہزاد امجدی)

مذہب اسلام نے تو حج کو عورتوں کا جہاد قرار دیا ہے:

حضرت عائشہ رضی اللہ عنہا نے رسول اکرم ﷺ سے دریافت کرنے پر کہ کیا ہم بھی آپ لوگوں کے ساتھ جہاد میں شریک ہو سکتے ہیں؟

تو آپ ﷺ نے فرمایا: تم لوگوں کے لئے سب سے اچھا اور خوبصورت جہاد حج مبرور ہے۔ اسی طرح حضرت ابو ہریرہ رضی اللہ عنہ کی روایت کے مطابق بوڑھے، بچے، کمزور اور عورت کا جہاد حج اور عمرہ ہے۔ (عورت اور اسلام: مولانا سید جلال الدین عمری، ص:73-72)

عازم حج چاہے مرد ہو یا خاتون دونوں چشمۂ رحمت سے سیراب ہو کر آتے ہیں جس کی مٹھاس برسوں اور بعض تا دمِ حیات محسوس کرتے رہتے ہیں اور وہاں کی حسین یادیں دل میں اور منظر کا آنکھوں میں بسائے رکھتے ہیں۔ بعض اللہ والے اور اللہ والیوں کا یہ حال بھی ہو جاتا ہے:

دل کے آئینے میں ہے تصویر یار
جب ذرا گردن جھکائی دیکھ لی
(لالہ موہن رام موجی)

یہ کہنے کی چنداں ضرورت نہیں کہ حج کے دوران جو کیفیات مرد کے ہوتے ہیں وہی کیفیات خاتون کی بھی ہوتی ہیں اور جب اس کے چرچے دوسرے سے کرتے ہیں تو ان کے قلوب کے اندر بھی حج کی بے تابیاں جاگ اُٹھتی ہیں۔ ان خوش نصیبوں میں چند ایسے بھی ہوتے ہیں جو حج کے دوران کے احساسات، محسوسات، کیفیات، تاثرات، جذبات، تجربات اور مناظر کو صفحۂ قرطاس پر بکھیرنے کی سعادت حاصل کر لیتے ہیں جسے ''حج کا سفرنامہ'' کہا جاتا ہے۔ حقیقت تو یہ بھی ہے کہ حج کا سفرنامہ لکھنے کی سعادت ہر کسی کو نہیں ہوتی ہے چاہے وہ کتنا بڑا ادیب ہو، انشاء پرداز ہو، زبان و بیان کا ماہر ہو چاہے وہ مفتی یا عالم ہی کیوں نہ ہو۔ حج کے سفرنامہ نگاروں کی سعادت کے بارے میں **مولانا خلیل الرحمٰن سجاد ندوی** لکھتے ہیں:

''پھر جسے اس عشق و محبت کے ساتھ قلم کی شکل میں ''عصائے کلیمی'' بھی مل جائے تو وہ اس کی ضرب کلیمی سے یہ دولت دوسروں پر بھی لٹاتا ہے اور نہ جانے کتنے ایسے لوگوں کی آتش شوق کو تیز کر دیتا ہے جن کے مشتاق اور شوقِ حضوری سے ئ بیقرار دل کسی حدی خواں کا نغمہ سننے کے لئے بیتاب رہتے ہیں:

کس نے زنجیر کیا حرف کی آزادی کو
کس نے کاغذ کو زباں کماں بخشی
(تجلیات حرمین از اُمّ ہانی، ص:29 اور 32)

نبیلہ رفیق حج کے سفرنامے کے بارے میں لکھتی ہیں:

''عشق خدائے عز و جل، عشق محمد ﷺ، محبت ابراہیمؑ اور آلِ ابراہیمؑ کا تقاضا ہے کہ ان ہستیوں سے وابستہ تمام مقامات

اور ماضی میں گزرے ہوئے واقعات کو یاد بھی کیا جائے اور تحریر بھی کیا جائے۔" (سفرنامہ حج: نبیلہ رفیق، ص: 13)

یہ بھی حقیقت ہے کہ ہر سفر نامہ نگار کا اظہارِ تاثر مختلف ہوتا ہے۔ ہر ایک اپنی ذاتی کیفیات اور قلبی تاثرات کو دوسرے سے مختلف پیرائے میں پیش کرتا ہے۔

مولانا انصار احمد معروفی نے حج کے سفرنامے کے سلسلے سے بڑی اچھی بات کہی ہے:

"ایک ہی واقعہ اور ایک ہی منظر کو انسان الگ الگ انداز سے دیکھتا ہے اور محسوس کرتا ہے، جو انسان کے مختلف المزاج ہونے اور واقعات سے جدا جدا سبق وعبرت پذیری کی نشان دہی کرتا ہے۔ اب سفرنامہ حج وعمرہ کے مشاہدات و تاثرات اور دلی کیفیات کا اگر اندازہ لگانا ہے تو آپ حج کے مختلف سفرناموں کا مطالعہ کریں جس سے احساس ہوگا کہ اللہ نے ہر ایک قلم کار کے اخذ واکتساب اور اس کے وسیلہ اظہار کے اسلوب کو کتنا ایک دوسرے سے منفرد رکھا ہے، جب کہ وہ اپنی اپنی جگہ مکمل بھی ہے اور قابل استفادہ بھی۔ جس طرح ہر ایک کا اندازِ تکلم اور وسیلۂ بیان وطریقہ گفتگو الگ الگ ہوتا ہے یوں ہی اس کے اندازِ تحریروں میں نمایاں فرق بھی ہوتا ہے۔ (سوئے حرم چلئے از عبدالودود انصاری : مبصر: انصار احمد معروفی)

حج کا سفرنامہ لکھنے کے دو اہم مقاصد ہیں: اول غیر عازم حج کے اندر حج کا شوق اور تڑپ پیدا کرنا اور دوسرا عازم حج کی صحیح رہنمائی کرنا۔

حج اور عمرے کے سفرناموں کی تاریخ پر نظر ڈالی جاتی ہے تو پتا چلتا ہے کہ حج کے سفرنامے لکھنے کی سعادت مرد اور خاتون دونوں کو ہے یعنی حج کے سفرناموں کے ارتقا میں مردوں کے ساتھ خواتین سفرنامہ نگاروں کا بھی اہم کردار رہا ہے گو خاتون سفرنامہ نگار کی تعداد کم ہے جن میں چند نام **نواب سکندر بیگم** (تاریخ وقائع)، **صادقہ ذکی** (خیموں کی شہر میں)، **اُمّ ہانی** (تجلیات حرمین)، **امیر النساء** (ارض مقدس میں چند روز)، **زہرہ بتول** (سفرنامہ حجاز وایران)، **صغریٰ مہدی** (میخانوں کا پتہ)، **فاطمہ بیگم** (اپنے گھر سے اللہ کے گھر تک)، **راحیل شیروانیہ** (زاد السبیل)، **نور النساء** (سفر نامہ حجاز)، **انو سلطانہ ملک** (زیارت حرمین شریف)، **صوفیہ کاشف** (سفر حجاز)، **نبیلہ رفیق** (سفرنامہ حج)، **خدیجہ نثار** (حج کا سفرنامہ)، **ڈاکٹر عذرا عثمانی** (حضور پھر آپ نے بلایا)، **ڈاکٹر فوزیہ سلیمی** (حاضری)، **ممتاز چھٹہ** (جلال و جمال)، **کنیز محمد بیگم** (ارض مقدس)، **ثریا جبیں** (میں موت ڈھونڈ رہی ہوں زمینِ حجاز میں)، **مسرت جہاں** (خوشبوؤں کے دیش میں محبت کا سفر)، **خدیجہ ریاض** (دیارِ حرم میں اکتالیس روز)، **صوفیہ صابری** (سفر لبیک) اور **فاطمہ بیگم** (حج بیت اللہ۔ زیارت و دیارِ حبیب) وغیرہ ہیں جنہوں نے اللہ کے عشق اور حب رسول میں ڈوب کر سفرنامے لکھی ہیں۔ آپ یقین کریں کہ ان سفرناموں میں اللہ اور اس کے رسول سے محبت و عشق کا ایسا اظہار ہے جو قاری کو عرصہ تک ایک عجیب سی سرشار کی کیفیت میں چھوڑ دیگا اور آپ آنکھوں سے اشک بہانے پر مجبور ہو جائیں گے اور پڑھنے کے دوران ایسا لگے گا کہ آپ بھی مکہ و مدینے کے مقدس مقامات کے سامنے ہیں۔ آیئے ایسے چند خواتین کے لکھے ہوئے "حج عمرے کے سفرناموں" پر سیر حاصل بحث کی جائے:

1۔نواب سکندر بیگم : (تاریخ وقائع : 1864)

آپ کی پیدائش 10 ستمبر 1817 کو ہوئی۔ آپ ریاست بھوپال کی دوسری بیگم بھوپال یعنی دوسری خاتون

حکمراں تھیں۔آپ نے ممتاز علماؤں سے تعلیم حاصل کیں۔ آپ نے 1841 میں فریضۂ حج کی سعادت کیں۔آپ کی وفات 30 اکتوبر 1868 ہوئی۔

تاریخ کی کتابوں سے پتا چلتا ہے کہ خواتین کا پہلا حج کا سفرنامہ ''تاریخ وقائع'' آپ نے ہی تصنیف کی ہیں جو اشاعت سے محروم رہا۔اس کا ایک قلمی نسخہ رام پور (یوپی) کی مشہور ومعروف عظیم الشان ''رضالائبریری'' میں آج بھی محفوظ ہے۔یہ سفرنامہ 1864 میں لکھا گیا۔کسی بھی خاتون حکمراں کے تصنیف کردہ یہ پہلا حج کا سفرنامہ ہے۔کیا ہی بہتر ہوتا کہ اس کی کمپیوٹر کمپوزنگ کر کے کتابی شکل دی جاتی تو اس تجلیات اور برکات سے لوگ فائدہ اُٹھاتے۔

حیرت کی بات یہ کہ اس کا انگریزی ترجمہ **A Princess' Pilgrimmage** نام سے ان کی وفات کے بعد 1870 میں شائع ہوا جس کا ترجمہ **Emma Laura Willoughby Osborne** نے کیا۔کتاب کے صفحات 250 ہیں۔اس کا تازہ اڈیشن 2007 میں Siobhan Laber Hurley نے نئی ترتیب دے کر Women Unlimited کے ذریعہ شائع کیا ہے۔

2. نواب سلطان جہاں بیگم : (سفر نامۂ حجاز : 1911)

آپ کی پیدائش 29 جولائی 1838 کو ہوئی۔آپ کا پورا نام شاہ جہاں بیگم ہے۔آپ والیہ ریاست بھوپال تھیں۔آپ اپنی انتظامی قابلیت، تعلیم نسواں کی حمایت، تعلیم کے فروغ اور داد و دہش کی وجہ سے بے حد مشہور تھیں۔آپ کا انتقال 16 جون 1901 کو ہوا۔آپ کا لکھا ہوا سفرنامہ'' سفرنامہ حجاز'' بہت مقبول ہوا۔

3.نشاط النساء بیگم : (سفر نامہ حجاز و عراق)

آپ حسرت موہانی کی بیگم ہیں۔آپ نے اپنے حج 1935 کے دوران کا سفر کا احوال اپنی بیٹی نعیمہ کو خطوط کی شکل میں لکھی تھیں جسے حسرت موہانی نے پہلے شائع کیا۔اس کے بعد اس کا نیا اڈیشن 1981 میں مکتبہ جامعہ لمیٹیڈ، دہلی نے شائع کیا۔

4.فاطمہ بیگم : (حج بیت ا للہ زیارت دیارِ حبیب: 1959)

آپ جناح اسلامیہ گرلز ہائی اسکول، لاہور کی پرنسپل تھیں۔آپ کا سفرنامہ ''حج بیت اللہ زیارت دیارِ حبیب'' 1959 میں شائع ہوا۔کتاب کے صفحات 388 ہیں۔

5.امتہ الغنی نور النساء : (سفر نامہ حجاز ،شام و مصر : 1996)

آپ کی پیدائش 1885 میں ہوئی۔آپ نے 1909 میں حج و زیارت کے علاوہ شام، مصر اور فلسطین کا سفر کیا۔انہوں نے پہلے اپنا سفرنامہ روز نامچہ کی شکل میں لکھا۔آپ کی وفات 1915 میں ہوئی۔

آپ کا سفرنامہ ''سفرنامہ حجاز، شام ومصر'' کے نام سے 1996 میں ورلڈ ماسٹر کمپیوٹر پبلی کیشنز، حیدرآباد نے شائع کیا۔کتاب کے 78 صفحات ہیں۔

6.صادقہ ذکی : (خیموں کے شہر میں : 1998)

آپ کی پیدائش 13 جنوری 1939 کو ہوئی۔آپ ایک مثالی استاد، بہترین منتظم، نامور ادیب اور اعلیٰ سیرت کی

مالکہ تھیں۔آپ مارچ 1997ء میں حج کو گئیں اور 30 اپریل 1997 کو واپس ہوئیں۔آپ کا سفر نامہ ''خیموں کے شہر میں'' بطور ضمیمہ 3 اگست 1997 سے 12 جنوری 1998 تک ''قومی آواز'' میں شائع ہوتا رہا۔اس کی دو قسطیں ماہنامہ ''انشاء'' میں بھی شائع ہوئیں۔اس کے بعد 1998 میں یہ سفر نامہ بنام ''خیموں کے شہر میں'' کتابی شکل میں منظر عام پر آیا جس کے ناشر'' مکتبہ جامعہ لیمیٹیڈ، نئی دہلی'' ہیں۔کتاب کے صفحات 98 ہیں۔

7.**رخسانہ نکہت لاری (اُم ھانی) : (تجلیات حرمین** : 1986)

آپ کا اصل نام رخسانہ نکہت لاری ہے۔آپ کی پیدائش 7 ستمبر 1953 کو بھٹنی، ضلع دیوریا، بہار میں ہوئی۔ آپ عربی ادب میں ایم اے اور پی ایچ ڈی کی سند حاصل کیں۔آپ کرامت حسین ڈگری کالج لکھنؤ میں پرنسپل کی عہدہ پر فائز تھی۔شاعری اور نثر نگاری دونوں میں طبع آزمائی کرتی تھیں۔اسلامی مضامین کے علاوہ حمد و نعت بھی لکھتی تھیں اور والہانہ انداز میں پڑھتی بھی تھیں۔آپ کا مجموعہ نعت ''نیم شبی'' شائع ہوا۔آپ کے مضامین رسالہ رضوان، الحسنات' حجاب اور بتول وغیرہ کی زینت بنے۔آپ آل انڈیا مسلم پرسنل لاء کے خواتین شعبہ سے بھی منسلک رہیں۔آپ نے 1984 میں فریضۂ حج کا شرف حاصل کیں۔آپ نے 14 اپریل 2021 میں وفات پائی۔

آپ کا سفر نامہ حج ''تجلیات حرمین'' کا پہلا ایڈیشن 1986 میں شائع ہوا۔اس کے بعد اس سفر نامہ کو 1992 میں انڈیا میرا اکاڈمی لکھنؤ نے شائع کیا۔کتاب کے صفحات 75 ہیں۔

8.**ایے امیر النساء (ارض مقدس میں چند روز**: 2001)

آپ کی پیدائش 14 اپریل لوتامل ناڈو کے شہر گڈیاتم میں ہوئی۔آپ مشہور افسانہ نگار اور ناول نگار تھیں۔آپ وفات پا چکی ہیں۔

آپ کے عمرے کا سفر نامہ ''ارض مقدس میں چند روز'' انشا پبلی کیشنز، کولکتہ نے 2001 میں شائع کیا۔دراصل اس کتاب میں سات صفحات (78 تا 84) عمرے کے سفر کے بارے میں مضمون ہے اور باقی عمان، بغداد، عراق، یروشلم اور قاہرہ کے سفر سے متعلق مواد ہیں۔کتاب کے صفحات 98 ہیں۔

9.**صغریٰ مہدی (میخانوں کا پتہ** : 2005)

آپ کا اصل نام امانت فاطمہ ہے۔آپ کی پیدائش 8 اگست 1937 کو بھوپال میں ہوئی۔آپ مایہ ناز ادیبہ، افسانہ نگار، ناول نگار اور انشاء پرداز تھیں۔آپ 17 مارچ 2014 کو وفات پائیں۔

آپ نے 1977 تا 2001 کئی ممالک مثلاً سعودی عرب (مکہ اور مدینہ)، امریکہ، جاپان، عراق، ایران، انگلینڈ اور بینکاک وغیرہ کا سفر کیا اور ان ممالک کے سفر ناموں کو ''میخانوں کا پتہ'' دے کر یکجا کیا۔کتاب کو مدھیہ پردیش اردو اکاڈمی نے 2005 میں شائع کیا۔اس کتاب کے شروع کے 1 تا 23 صفحات میں مدینہ اور مکہ میں عمرے کی تفصیلات شامل ہیں۔کتاب کے صفحات 102 ہیں۔

10.**نبیلہ رفیق (سفر نامہ حج** : 2020)

آپ کی پیدائش 1957 میں پاکستان کے شہر جھنگ، پنجاب میں ہوئی۔آپ نے پنجاب یونیورسٹی، لاہور سے

فلسفہ میں ایم اے کی سند حاصل کیں۔ آپ 1996 سے ایک اسکول میں معلّمہ ہیں۔ آپ اردو دنیا کی مشہور ادیبہ اور شاعر ہیں۔ ان کی تین کتابیں شائع ہو چکی ہیں۔ ابھی آپ کا تعلق ناروے سے ہے۔ آپ نے 2002 اور 2009 میں دو بار عمرے کی سعادت حاصل کی ہیں۔ اس کے بعد 2014 میں حج کی سعادت نصیب ہوئی۔

آپ کا تحریر کردہ سفرنامہ ''سفرنامۂ حج'' مع رنگین نقشہ جاتی 2020 میں امرتسر سے شائع ہوئی۔ کتاب کے صفحات 247 ہیں۔

11۔صوفیہ کاشف (سفر حجاز)

آپ ابوظہبی میں مقیم ہیں اور مختلف اخبارات اور بلا گنگ ویب سائٹ کے لئے لکھتی ہیں۔ آپ نے اپنے عمرے کے سفرنامے کی تفصیل ''سفرحجاز: اے سانس ذرا تھم، ادب کا مقام ہے۔'' کے عنوان سے بڑے خوبصورت انداز اور نہایت ہی حسین پیرائے میں لکھا ہے۔

12۔راحیل شیروانیہ (زاد السبیل (1929/1930)

آپ نے 1923 میں حج کی سعادت حاصل کیں۔ اس کے بعد بیت المقدس، شام اور عراق کی سیاحت بھی کیں۔ آپ کی یہ کتاب 338 صفحات پر مشتمل ہے جس میں آخری 124 صفحات بیت المقدس، شام اور عراق کے سفر کے حالات بیان کئے گئے ہیں۔ یہ کتاب 1929 یا 1930 میں شائع ہوئی ہے۔

13۔فاطمہ بیگم (اپنے گھر سے اللہ کے گھر تک)

یہ کتاب آستانہ بک ڈپو، دہلی سے شائع ہوئی ہے۔

اب چند ایسی خواتین کا ذکر کیا جارہا ہے جس کا تعلق پاکستان سے ہے:

14۔ممتاز چھٹہ (جلال و جمال: 2000)

یہ سفرنامہ ابلاغ پبلی کیشنز، لاہور (پاکستان) سے 2000ء میں شائع ہوا۔

15۔ڈاکٹر فوزیہ سلیمی (حاضری: 1995)

یہ سفرنامہ فیروز بک سنٹر، لاہور (پاکستان) سے 1995ء میں شائع ہوا۔

16۔ثریا جبیں (میں موت ڈھونتی ہوں زمینِ حجاز میں: 1980)

یہ سفرنامہ ملتان (پاکستان) سے 1980 میں شائع ہوا۔

17۔مسرت جہاں (خوشبوؤں کے دیس میں محبتوں کا سفر: 1988)

یہ سفرنامہ ادارۂ ابلاغ، پاکستان سے 1988ء میں شائع ہوا ہے۔

18۔خدیجہ ریاض (دیارِ حرم میں اکتیالیس روز: 1998)

یہ سفرنامہ بیکن بکس، ملتان (پاکستان) سے 1998 میں شائع ہوا۔

19۔صفیہ صابری (سفر لبیک: 1990)

یہ سفرنامہ نعت اکاڈمی، فیصل آباد (پاکستان) سے 1990 میں شائع ہوا۔

20۔فاطمہ بیگم (حج بیت اللہ و زیارت دیار حبیب: 1959)

یہ سفرنامہ کتب خانہ پیسہ بازار، لاہور (پاکستان) سے

1959 میں شائع ہوا۔

یہ تھے چند خواتین کے حج وعمرے کے سفر ناموں کا اجمالی تعارف۔ان کے علاوہ کئی خاتون ہیں جنھوں نے حج کے سفر ناموں میں اپنے قلم کا جوہر دکھائی ہیں جن سے ثابت ہوتا ہے کہ خواتین مذہب اسلام کے رکن کی ادائیگی میں مردوں سے کم تر نہیں اور جس طرح ایمانی جوش وخروش مردوں میں ہیں اسی طرح کا خاتون کے اندر بھی ہیں۔جس طرح مرد حضرات حج کے دوران کے احساسات اور کیفیات کو زیر قلم میں لاتا ہے اسی طرح خواتین بھی اس عنوان پر خامہ فرسائی کر سکتی ہیں۔ راقم کی تمنا ہے کہ ہر پڑھی لکھی خاتون خاص کر ادیب وشاعر جو عازم حج ہوتی ہیں وہ واپسی پر حج یا عمرے کا سفر نامہ لکھیں ،ہوسکتا ہے کہ ان کے سفر ناموں کے کسی جملے سے غیر عازم بھی عازم حج ہو جائیں جو ان کے لئے صدقۂ جاریہ بھی ہوگا اور پیارے رسول حضرت محمد ﷺ کے لئے تحفہ نذرانہ بھی۔

21.**امینہ مہالاتی** نے انگریزی میں ایک حج کا سفر نامہ مرتب کیا ہے:

Women as Pilgrim: Memoirs of Iranian Women Travellors to Mecca By Amineh Mahallati امینہ مہالاتی کی پیدائش ایران کے شہر شیراز میں ہوئی۔آپ نے اپنی تعلیم ایران اور امریکہ میں مکمل کیں۔ابھی آپ پرنسٹن یونیورسٹی،امریکہ میں لکچرر کے عہدہ پر فائز ہیں۔آپ نے اس سفرنامہ میں ایرانی خواتین جنھوں نے حج کی سعادت پائیں،ان کے مشاہدات اور تجربات کو انگریزی کے قالب میں ڈھالی ہیں۔

محمد اسلم عامر ۔ریسرچ اسکالر شعبۂ اردو جامعہ عثمانیہ حیدرآباد

بانی دارالعلوم حیدرآباد امیر ملتِ اسلامیہ
حضرت مولانا محمد حمید الدین حسامی عاقلؒ کے ذوقِ شاعری پر ایک طائرانہ نظر

امیر ملت اسلامیہ حضرت محمد حمید الدین حسامی عاقلؒ کی شخصیت ایک ہمہ گیر شخصیت تھی، وہ ایک خوش بیان واعظ اور روحانی بیماریوں کو پہچاننے والے معالج و مصلح بھی تھے، اور کتنے ہی لوگوں نے آپ کے ذریعہ رشد و ہدایت کی راہ بلکہ منزل پائی تھی، ان میں کلمہ گو بھی ہیں اور ایک بڑی تعداد ان لوگوں کی ہے جو ایمان سے محروم تھے، دوسری طرف ایک صاحب عزیمت قومی و ملی قائد بھی تھے، اور سیاسی وسماجی مسائل میں اپنی بے باکانہ اور حکیمانہ رہنمائی کے ذریعہ امت مسلمہ کے لئے خضر طریق کا کام کرتے تھے، وہ ایک بلند پایہ عالم اور مصنف بھی تھے اور کئی اہم اصلاحی وتذکیری کتابیں ان کی رشحہ قلم ہیں، اور سخن فہم شناس شاعر بھی ہیں، ان کی نعتیں عشق رسول میں ڈوبی ہوئی ہوتی ہیں اور شرعی حدود سے متجاوز بھی نہیں ہوتیں۔

شعروادب کی دنیا میں سرزمین دکن کا نام جس طرح روشن ہے اس طرح کی روشنی کسی اور کو حاصل نہیں اور زبان اردو کی آبیاری کرنے والوں میں اہل دکن کو جو اولیت حاصل ہے وہ کسی اور کو میسر نہیں کیوں کہ اردو کا اولین شاعر ولی اورنگ آبادی کو مانئے یا حضرت خواجہ بندہ نواز گیسو دراز کو بہر صورت دونوں کا تعلق سرزمین دکن ہی سے تھا اسی لئے حضرت امیر ملت کے والد محترم علامہ فاضل نے کہا تھا کہ

ہوا ثابت جو یہاں دفن ہوئے داغ وامیر
اصل ارود کی ہے در اصل دکن کی مٹی

اور شاید اسی مصلحت کی بناء پر سرزمین دکن میں آج بھی شعروشاعری کا ذوق بہت اچھا اور لائق تحسین ہے اور پڑھے لکھوں کو تو چھوڑ یئے جاہل اور ان پڑھ کا ذوق بھی اس باب میں دوسرے علاقوں سے بدرجہا بہتر ہے جس کے اوپر آپ کو شعرفہمی کا بھی گمان نہیں ہوسکتا وہی جب اپنی زبان کھولتا ہے تو دوسرے علاقہ کے لوگ ششدر وحیران رہ جاتے ہیں کہ شعرفہمی تو کجا اسے شعرگوئی پر بھی کافی دسترس حاصل ہے اور ایسا ہونا بھی چاہیے کہ ”اصل اردو کی ہے، در اصل دکن کی مٹی“

جب جاہل ان پڑھ کا ذوق سخن ایسا ہے تو پڑھے لکھوں کا ذوق کیسا ہوگا خود ہی اندازہ کیا جاسکتا ہے چنانچہ ہم دیکھتے ہیں کہ یہاں کے اکثر شعراء ایسے ہوتے ہیں جن کا کوئی استاذ نہیں اور کسی سے بھی انہوں نے اصلاح نہیں لی پھر بھی ان کے اشعار میں سلاست وروانی اور عروض وقوافی کی تمام تر رعایتیں موجود ہوتی ہیں کیوں کہ ان کی شاعری تکلف وتصنع کی محتاج نہیں بلکہ ان کے شعروشاعری کا ذوق فطری ہوا کرتا ہے لہٰذا جب فطرت ہی استاذ ہو تو پھر کسی سے اصلاح کی ضرورت ہی کیا ہوگی۔

ذوقِ شاعری:

حضرت امیر ملت بھی ایک ایسے ہی فطری شاعر تھے جنہوں نے کسی سے اصلاح نہیں لی، اور کسی کو فن شاعری میں استاذ نہیں بنایا، نیز کسی کو استاذ بنانے کی ضرورت بھی نہ تھی کیوں کہ آپ کے والد علامہ فاضلؒ ایک باکمال استاذ شاعر تھے، استاذِ شاعری کے گود میں پلنے والا بھلا کسی اور کا محتاج کیوں کر ہوتا اور شاعری کی محفل میں پروان پانے والے کو اصلاح سخن کی کیوں ضرورت پڑتی، اسی لئے دیکھا جاتا ہے کہ آپ کے کلام میں نہ بہت زیادہ استعارات ہیں اور نہ ہی مشکل ترین ترکیبیں ہیں، الفاظ دیکھنے میں بہت آسان لیکن سلاست میں ذرہ برابر بھی فرق نہیں، ایسے اشعار بھی نہیں ہوتے تھے کہ جس کا سمجھنا عام لوگوں کے لئے مشکل ہو، جیسا کہ دیکھتے ہیں مرزا غالب اور مسدس حالی کے دیوان کو تو غالب کے اشعار سے ایسا پتہ چلتا ہے کہ اس میں استاذ کا رنگ پورے طور پر غالب ہے، وہیں حالی کے اشعار کو دیکھیں اتنے عام فہم کہ جب پڑھنا شروع کریں تو اس کے معانی ومطالب اترتے چلے جاتے ہیں۔

حضرت امیر ملت کا ذوق سخن چونکہ فطری تھا اس لئے ہونا تو یہ چاہیے تھا کہ آپ بھی وادیٔ تخیل میں سرگرداں رہتے، خیالات کے پل بناتے، حسن و عشق کے صحراؤں میں چکر کاٹتے اور غزلیات سے اپنے قلوب کو تسکین دیتے مگر یہ عجیب اتفاق تھا کہ آپ نے کبھی کوئی غزل نہیں کہی، آپ کی شاعری کا موضوع صرف اسلامی احکام، عشق رسول اور حمد باری ہوا کرتا تھا۔

حضرت امیر ملت نے اپنی شاعری کا آغاز اس وقت کیا جبکہ آپ ابھی سن بلوغ کو بھی نہیں پہنچے تھے، بلکہ ابھی صرف ۹ یا ۱۰ سال کے ہی تھے طالب علمی کے زمانہ میں آپ نے اپنی زندگی کی پہلی نعت کہی تھی جس میں آپ نے اپنا تخلص عاقل رکھا تھا، اس نعت میں آپ نے جس بھولے پن کا اظہار کیا ہے اسے دیکھ کر ہی حیرت ہوتی ہے کہ آپ نے اپنی صغرسنی کا واسطہ دیا ہے حضور پرنور ﷺ سے خواب میں تشریف لانے کی درخواست کی ہے اور اس حسین انداز سے اپنے سرکار کو آپ نے مخاطب کیا ہے کہ پڑھنے والا سر دھننے پر مجبور ہو جاتا ہے، اس نعت کو ذیل میں ملاحظہ فرمائیں:

نمونہ نعتِ شریف:

سن لے مجھ چھوٹے کی چھوٹی سی دعا یا مصطفیٰ
خواب میں آ، چہرہ انور دکھا یا مصطفیٰ
باوفا ہے اک غم عشق آپ کا یا مصطفیٰ
مال و زر فرزند و زن سب بے وفا یا مصطفیٰ
تیرے صدقے تو فقیری میں رہا یا مصطفیٰ
کی شہنشاہی غلاموں کو عطا یا مصطفیٰ
عالم و فاضل بنوں اور مدح خواں تیرا رہوں
علم کے ہمرہ عمل بھی ہو عطا یا مصطفیٰ
امتحان علم ہو یا امتحان حشر ہو اول تو آتا جاؤں میں ہر ایک جا یا مصطفیٰ
کیوں نہ کہتے آپ کو کفار بھی صادق امیں
آپ میں بچپن سے تھا صدق وصفا یا مصطفیٰ
مدتوں کی آرزو بر آگئی جاگے نصیب
سوئے طیبہ جب مجھے تم نے بلایا یا مصطفیٰ
دشمنوں کی وجہ سے بے چارا ضعیف وزار ہے
بول بالا کیجیے اسلام یا مصطفیٰ
ہو نہیں سکتا کبھی مخلوق پر نازل عذاب
ہے زمیں پر جبکہ مرقد آپ کا یا مصطفیٰ

اے عجب تو بھی رحیم اور حق تعالی بھی رحیم
حق نے اپنا نام بھی تجھکو دیا یا مصطفیؐ
وحشیوں کو تو نے عالم کا شہنشہ کردیا
واہ تیری تربیت تیری سخا یا مصطفیؐ
دوجہاں کی نعمتیں ہم کو ملیں تیرے طفیل
آہ ہونا نجویں تیری غذا یا مصطفیؐ
غیر کا مداح چھوٹا ہے بڑا ہی کیوں نہ ہو
ہے تیرا مداح چھوٹا بھی بڑا یا مصطفیؐ
خوش رہیں ماں باپ مجھ سے اور حق راضی رہے
اورحاصل ہو مجھے تیری رضا یا مصطفیؐ
عاقل بے کس کی فرمانا حمایت حشر میں
دشمن جاں جبکہ ہوں گے دست وپا یا مصطفیؐ

اہل تشیع کی طرف سے حضرت امیر معاویہ کی شان میں جو گستاخی اور بے ادبی کی جاتی ہے اس ہر مسلمان واقف ہے پھر شہر حیدرآباد تو اہل تشیع کا مرکز ہے اس لئے یہاں کی گستاخیاں تو اپنی آپ مثال ہیں لہذا یہاں کے اہل دردمند مسلمانوں نے یوم معاویہ منانے کا پروگرام منایا اور حیدرآباد کو یہ خصوصیت حاصل ہوگئی کہ پہلے یہیں یوم معاویہ منایا گیا، چنانچہ ۱۴/ رجب ۱۳۸۳ھ مطابق یکم ڈسمبر ۱۹۶۳ء بروز اتوار مسجد چوک حیدرآباد میں حضرت امیر ملت کی زیر نگرانی یوم معاویہ کے عنوان سے ایک جلسہ منعقد ہوا، اور اس میں خود حضرت ملت کی لکھی ہوئی ایک منقبت امیر معاویہ پڑھی گئی تھی، منقبت امیر معاویہ ذیل میں ملاحظہ فرمائیں:

نمونہ منقبتِ حضرت امیر معاویہؓ:

ہیں پیکر جود و سخا، حضرت امیر معاویہ
محبوب خاصانِ خدا حضرتامیر معاویہ
سالے شہ لو لاک کے کاتب قرآن پاک کے
بے شبہ ہیں ذی مرتبا حضرت امیرمعاویہ
کوئی براکہتا اگر، فرماتے اس سے درگزر
ضرب المثل حلم آپ کا حضرت امیر معاویہ
فاروق نے تعریف کی، کسری العرب، تم کو کہا
کیا شان ہے کیا مرتبا حضرت امیر معاویہ
ہم کون؟ جو ناراض ہوں، کینہ رکھیں، جب آپ سے
راضی نبی، راضی خدا حضرت امیرمعاویہ
اعلی تمہارا مرتبہ کیا حرف تم پر آئے گا
ناداں کہیں گر کچھ برا حضرت امیر معاویہ
جس کو نبی ہادی کہیں، اس کو کہے گمراہ، جو
کیا حشر ہو اس کا بھلا حضرت امیر معاویہ
سنی نہیں کذاب ہے جو آپ سے بیزار ہے
ہیں آپ محبوب خدا حضرت میر معاویہ
حب علیؓ سے کیا غرض اور اتباع انکی کہاں
مقصود ہے بغض آپ کا حضرت امیرمعاویہ
دونوں نبی کے یار ہیں دونوں قرابت دار ہیں
حضرت علیؓ شیر خدا حضرت امیر معاویہ
چھوٹے سے قبرستان کا جو، بیٹے کو سجادہ کریں
طعنہ دیں تم کو برملا حضرت امیر معاویہ
حضرت حسنؓ کرلیں صلح اور آپکی بیعت کریں
تاعمر ہوں مدح سرا حضرت امیر معاویہ

ان کے فدائی حیف ہے بغض آپ سے میں رکھیں
اس سے ہو بڑھ کر جہ کیا حضرت امیر معاویہ
عاقل یہ افضال خدا، عاشق ہے اہل بیتؓ کا
اور آپ کا مدح سرا، حضرت امیر معاویہ

حضرت امیر ملت اپنی زندگی میں شعروشاعری کا بہت ذوق رکھتے تھے، شعرگوئی آپ چلتے پھرتے کیا کرتے تھے جس میں نعت ہوتی تھی حمد اور نبی رحمت پر سلام ہوا کرتا تھا، آپ نے ادبی میدان میں شاعری کو اپنا وصف بنایا تھا، حمد ونعت سے ہی پتہ چلتا ہے کہ آپ کا ذوق کتنا حسین تھا اور کتنے دلدادہ تھے۔

ڈاکٹر محمد الیاس الاعظمی۔اعظم گڑھ

مولانا مستقیم احسن اعظمیؒ

(سیرت وشخصیت کے چند نقوش)

خطہ اعظم گڑھ اپنے جن فرزندوں اور حوصلہ مندوں پر بجا طور پر فخر و ناز کرسکتا ہے ان میں ایک اہم نام ہمارے کرم فرما اور جمعیۃ علمائے ہند مہاراشٹر کے سابق صدر مولانا مستقیم احسن اعظمی مرحوم کا بھی شامل ہے۔وہ ایک بڑے عالم ودانشور، نامور خطیب اور اہل علم وقلم تھے،ان کا دل حمیت ملی اور غیرت اسلامی کے جذبات سے سرشار تھا،ان کا سینہ کینہ وکدورت کی آلائشوں سے پاک مہرومروت اور پیار ومحبت کے جذبات سے لبریز تھا،ان کا دماغ عزائم اور حوصلوں سے معمور تھا، سچ تو یہ ہے کہ وہ اقبال کے مردمومن کی صفات سے آراستہ تھے۔ریشم کی طرح نرم اور فولاد کی صورت گرم۔ افسوس وہ پاک دل اور پاکباز شخص ۲۰رجون ۲۰۲۳ء کو طویل علالت کے بعد وسئی ممبئی میں اپنے مالک حقیقی سے جاملا۔ انالله وانااليه راجعون.

اسی دن شام بعد نماز عصر نا ریل واڑی قبرستان مجگاؤں جنوبی ممبئی میں ہزاروں سوگواروں کے درمیان انہیں سپرد خاک کیا گیا، جہاں چند سال پہلے [۲۰۱۰ء] ان کی اہلیہ خورشیدہ مرحومہ جو مولانا داؤد اکبر اصلاحیؒ سابق استاد مدرسۃ الاصلاح سرائے میر کی صاحبزادی تھیں، سپرد خاک ہوئی تھیں۔

ولانا مستقیم احسن اعظمی صاحب ضلع اعظم گڑھ کے ایک موضع شیخوپور میں ۱۹۳۹ء میں پیدا ہوئے۔ان کا آبائی وطن ضلع اعظم گڑھ کا ایک اور موضع علاء الدین پٹی تھا جسے ادیب شہیر مولانا عبدالسلام ندوی [۱۸۸۳ - ۱۹۵۶ء] کے مولد ووطن ہونے کا شرف حاصل ہے، مولانا مرحوم کا نانیہال بھی اسی گاؤں میں تھا، اس لئے ان کے بچپن کے ایام وہاں بھی گذرے تھے۔وہاں کے بہت سے لوگوں سے ان کی شناسائی تھی۔ان کی والدہ دوسرے نکاح میں موضع شیخوپور آئیں تو ان کے بچے بھی شیخوپور آگئے اور پھر یہی ان کا مسکن ووطن ٹھہرا۔

مولانا مستقیم احسن اعظمی صاحب کے والد نے کم عمری میں وفات پائی،ان کی اور ان کے بھائیوں کی پرورش وپرداخت چچا نے کی۔ان کے انتقال کے بعد مولانا مرحوم کی کفالت اور تعلیم وتربیت کی ذمہ داری ان کے بھائیوں نے اٹھائی۔حافظ عبدالرقیب صاحب ان کے بڑے بھائی تھے، نہوں نے بھی کم عمری میں انتقال کیا، ایسے حالات میں مولانا مرحوم کے دوسرے بھائی اور والدہ نے ہار نہیں مانی اور ان کی تعلیم وتربیت کی طرف سے غافل نہیں ہوئے اور انہیں اس دور میں دیوبند اور ندوہ میں تعلیم دلائی۔جولوگ اس خطہ اعظم گڑھ کے گاؤں اور اطراف سے واقفیت رکھتے ہیں انہیں اندازہ ہوگا کہ بچوں کو اس قدر تعلیم دلانے میں بھی ان خانوادوں کو کتنے ہفت خواں طے کرنے ہوتے تھے، ہمت وحوصلہ اور علم وتعلیم سے بے انتہا تعلق رکھنے والے افراد ہی

تعلیم کے لئے اس قدر جاں فشانیاں اٹھاتے تھے۔

مولانا مرحوم نے ابتدائی تعلیم اپنے گاؤں کے مدرسہ شیخ الاسلام شیخوپور میں حاصل کی، جو اس وقت مکتب کی صورت میں گاؤں کے بچوں کو دینی تعلیم سے آراستہ کر رہا تھا۔ پھر انہوں نے پرائمری اسکول پٹودھ میں داخلہ لیا، درجہ پنجم پاس کرنے کے بعد وہ اپنے علاقہ کی مشہور دینی درس گاہ جامعہ عربیہ احیاء العلوم مبارکپور میں داخل ہوئے۔ وہاں متوسطات تک تعلیم حاصل کرنے کے بعد مدرسۃ الاصلاح سرائے چلے گئے، جہاں سے ان کے برادر اکبر حافظ عبدالرقیب مرحوم نے حفظ کی تکمیل کی تھی، مدرسۃ الاصلاح پر دو برس زیر تعلیم رہے۔ اس کے بعد اعلیٰ تعلیم یعنی فضیلت کے لئے دارالعلوم دیوبند گئے اور شعبان ۱۳۸۱ھ (۱۹۶۲ء) میں سند فضیلت حاصل کی، دیوبند میں اور اساتذہ کے علاوہ فخر المحدثین مولانا سید فخر الدینؒ مرادآبادی سے حدیث شریف پڑھی، یہاں علامہ محمد ابراہیم بلیاویؒ سے خصوصی تعلق وتلمذ رہا۔ اس کے بعد وہ ندوۃ العلماء گئے اور تخصص فی الادب میں داخلہ لیا، مگر بوجوہ تکمیل نہ کر سکے اور اعظم گڑھ واپس لوٹ آئے۔

مولانا مرحوم کی عملی زندگی کا آغاز ضلع اعظم گڑھ کے مشہور مدرسہ جامعۃ الرشاد میں درس و تدریس سے ہوا۔ اسی زمانہ میں علمی مذاق کے سبب دارالمصنفین شبلی اکیڈمی اور اس کے ارباب حل و عقد سے گہرے روابط قائم ہوئے جو مدۃ العمر باقی رہے۔ مطالعہ و تحقیق اور لکھنے پڑھنے کا خیال اولاً انہیں یہیں آیا تھا، لیکن اس زمانہ میں ان کے جو بزرگ بمبئی میں تجارت کر رہے تھے وہ وفات پا گئے، حالات کی اس نامساعدت نے انہیں ۱۹۶۴ء میں عروس البلاد بمبئی پہنچا دیا، جہاں انہوں نے دری اور کپڑوں کی تجارت شروع کی، اللہ نے بڑی برکت دی، اسی تجارت سے انہوں نے زندگی کے تمام ہفت خواں طے کئے۔ پورے خانودہ کی کفالت و سرپرستی کے سوا بچوں کی تعلیم و تربیت، قومی، ملی، تعلیمی اور سماجی معاملات میں شمولیت وغیرہ سب میں ان کی تجارت ان کا بڑا سہارا بنی رہی۔

مولانا مرحوم کی سب سے بڑی خوبی بھی یہی تھی کہ وہ تاحیات اپنے لئے نہیں دوسروں کے لئے جیتے رہے۔ اپنے خانوادہ، گاؤں اور ضلع کے تمام معاملات و مسائل میں وہ شریک رہتے اور ان کے حل کرنے میں بھرپور حصہ لیتے۔ اس سے بھی بڑھ کر وہ ملت کے لئے مسلسل کام کرتے رہتے تھے۔ خاص طور پر مہاراشٹر کے مسلمانوں کے تو گویا وہ رہبر و رہنما اور قائد و سرپرست ہی تھے۔ ان کے ہر کام میں پیش پیش رہتے۔ خاص طور پر فسادات کے زمانہ میں تو وہ اپنی اور اپنے گھر والوں سے زیادہ فکر عام لوگوں کی کرتے، اس میں وہ اپنی صحت و تندرستی کی بھی پروا نہیں کرتے تھے، فساد زدگان کی بازآبادکاری، غریبوں، مسکینوں، لاچاروں، مظلوموں کی مدد کرنا وہ نہ صرف اپنا فرض خیال کرتے بلکہ انہیں عملی طور پر برت کر دکھاتے تھے۔ ان کے یہاں مدد اور تعاون کے لئے جو بھی پہنچا ان میں عام افراد ہوں یا خاص، جمعیۃ علمائے ہند کے اراکین ہوں یا کسی اور تنظیم کے فرد، اعظم گڑھ اور ممبئی کے باشندہ ہوں یا دنیا جہاں کہیں سے بھی تعلق رکھتے ہوں ان کے نزدیک یہ اہمیت نہیں رکھتا تھا، چنانچہ وہ سب کے لئے چل پڑتے اور ان سے جو بن پڑتا وہ ضرور کرتے۔ کمزوروں کے کام آنا اور ان کے مسائل کو اپنا مسئلہ بنا لینا۔ یہ مولانا مرحوم کا ایک دن کا نہیں روزمرہ کا کام تھا۔ سچ تو یہ ہے کہ قوم میں ایسے ملی ہمدرد و بہی خواہ دو چار ہی پیدا ہو جائیں تو ملت کے مسائل و مشکلات کا سدباب ہو جائے۔ وہ واقعی بڑے جلیل القدر انسان تھے۔

مدتوں رویا کریں گے جام و پیمانہ تجھے

مولانا مستقیم احسن اعظمی بمبئی کی آل انڈیا علماء کونسل اور جمعیۃ علمائے ہند مہاراشٹر دونوں تنظیموں سے وابستہ اور عہدہ دار رہے اور خدمات انجام دیں۔ ۱۹۶۸ء میں جمعیۃ علمائے ہند مہاراشٹر میں انہیں ان کے ایک ہم وطن حاجی شمس الدین اعظمی مرحوم لائے اور پھر انہوں نے جمعیۃ سے زندگی بھر کا پیمان وفا باندھا اور آخری دم تک اس کے کاز کو لے کر جیتے مرتے رہے، اس طویل عرصہ وابستگی کے متنوع نشیب و فراز کے باوجود آخری دم تک اس کی خدمت میں منہمک رہے۔ جمعیۃ علمائے ہند سے ان کی وابستگی کی مدت پچاس برس سے زاید کے عرصہ پر محیط ہے۔ ۳۵ر برس تک وہ جمعیۃ علماء مہاراشٹر کے رکن اور ۲۸ر فروری ۲۰۰۸ء سے وفات تک تقریباً ۱۶ر برس صدر کے عہدہ پر فائز رہے اور اس حوالہ سے انہوں نے بڑی عظیم الشان دینی وملی اور سماجی خدمات انجام دیں، سچ تو یہ ہے کہ جمعیۃ علمائے ہند مہاراشٹر کی تاریخ میں ایسا بالغ نظر، ہمہ جہت اور طویل المدت خدمت گذار شاید ہی کوئی ملے۔

انہوں نے مہاراشٹر میں جمعیۃ علماء میں نئے اراکین کے ذریعہ ایک نئی روح پھونکنے کی کوشش کی اور گلزار اعظمی مرحوم کے ساتھ مل کر مہاراشٹر بالخصوص ممبئی میں جمعیۃ علمائے ہند کی عزت اور وقار میں اضافہ کیا، خاص طور پر بے گناہوں کی رہائی کے لئے ان کے عہد صدارت میں جو ناقابل فراموش داستان لکھی گئی وہ کسی طلسم ہوش ربا سے کم نہیں اور وہ کبھی بھلائی نہیں جاسکے گی۔

غالباً یہی سبب تھا کہ وہ عوام وخواص سب میں یکساں مقبول ومحترم تھے، بعض لوگوں نے بجا طور پر انہیں محبوب العلماء لکھا ہے، انہوں نے ایک بار کہا تھا کہ جمعیۃ علمائے ہند ملت کی خدمت سیاست سمجھ کر نہیں عبادت سمجھ کر کرتی ہے۔ یہ ان کا محض ایک بیان نہ تھا بلکہ وہ خود اپنے اس قول پر عمل پیرا اور کاربند رہے۔ میں نے خود اپنی آنکھوں سے دیکھا ہے کہ وہ صبح سے شام اور رات تک ملت کے کاموں میں مسلسل مصروف رہتے اور ضعف اور پیرانہ سالی کا بھی لحاظ نہ کرتے، کسی تنظیم یا تحریک سے پچاس سال تک وابستہ رہ کر سرفروشانہ کام کرنا غیر معمولی بات ہے اور بلاشبہ مولانا مستقیم احسن صاحب غیر معمولی شخص تھے۔ ع

بڑی مشکل سے ہوتا ہے چمن میں دیدہ ور پیدا

بمبئی کے مسلمانوں کے تمام اہم ملی اور فلاحی ورفاہی کاموں میں انہوں نے بڑھ چڑھ کر حصہ لیا، خاص طور پر یوپی حج ہاؤس کی تعمیر میں انہوں نے اپنے احباب کے ساتھ جس طرح رات دن ایک کر کے اسے پایہ تکمیل تک پہنچایا وہ بس انہی کا اور ان کے احباب کا دم خم اور حوصلہ تھا۔ اس موقع پر مولانا نے جو خطبہ دیا تھا اور جو مطبوعہ صورت میں ہمارے سامنے موجود ہے وہ ایک تاریخ بھی ہے اور ان کے عزم و حوصلہ کا ایک خوب صورت مرقع بھی۔ یہ ان کی ایسی مساعی جمیلہ ہے جسے ملت کبھی فراموش نہیں کر سکے گی۔

ایک بار مولانا مرحوم بامبے مرکنٹائل کوآپریٹیو بینک کے ڈائرکٹر منتخب ہوئے اور غالباً دوٹرم اس عہدہ پر فائز رہے، یہ قدم بھی انہوں نے قوم کو فائدہ ہی پہنچانے کی غرض سے اٹھایا تھا اور چند لوگوں کو اس فائدہ بھی پہنچا، مگر ہمارے بعض دوستوں نے اسے پسند نہیں کیا اور ان پر اعتراضات بھی کئے، اور یہ حقیقت بھی ہے کہ یہ عہدہ ایک عالم کے شایان شان نہ تھا۔

مولانا مرحوم کا علم ومطالعہ بہت گہرا تھا۔ زمانہ طالب علمی میں بھی انہیں مطالعہ وکتب بینی کا بہت شوق تھا، احیاء العلوم مبارکپور، مدرسۃ الاصلاح سرائے میر اور دارالعلوم

دیوبند کے سربرآوردہ اساتذہ اور علماء وفضلاء سے تعلیم وتحصیل نے ان کے علم وعمل میں بڑی گہرائی پیدا کردی تھی، پھر ندوہ، جامعۃ الرشاد اور دارالمصنّفین کے تعلق نے اس میں مزید جلا پیدا کی۔ چنانچہ ان میں تاریخ اور علوم اسلامیہ میں بڑا استحضار ہوگیا تھا، جس کا مشاہدہ ان کی تقاریر کے ساتھ عام گفتگو میں بھی ہوتا رہتا تھا۔

بہت کم لوگوں کو معلوم ہوگا کہ وہ ایک پختہ مشق اہل قلم اور مضمون نگار بھی تھے۔ ابتدا میں شعر وشاعری سے شغف رہا۔ مشاعروں اور شعری محفلوں میں وہ نہ صرف بڑے شوق سے شریک ہوتے بلکہ ان کا انعقاد بھی کرتے تھے۔ متعدد شعری محفلوں میں انہوں نے نظامت اور صدارت کے فرائض بھی انجام دئے۔ بمبئی میں وہ کئی برس تک نعتیہ مشاعرے کا بھی اہتمام کرتے رہے، جس میں ملک کے نامی گرامی شعرا بیکل اتساہی اور اجمل سلطان پوری وغیرہ نے شرکت کی، خود مولانا مرحوم کا شمار شفیق جون پوری کے حلقہ تلامذہ میں ہوتا تھا، مگر پھر ان کا رجحان نثر کی طرف غالب ہوگیا۔

وہ ادیبوں، شاعروں اور مصنّفین کے شہر اعظم گڑھ میں پیدا ہوئے تھے، فطری طور پر ان میں تحریری صلاحیت موجود تھی۔ انہوں نے متعدد علمی و دینی اور ادبی وتاریخی مضامین ومقالات لکھے جو اپنے عہد کے موقر رسائل میں شائع ہوئے۔ مورخ اسلام مولانا قاضی اطہر مبارک پوری نے ان کے کئی مضامین اپنے مجلّہ البلاغ بمبئی میں شائع کئے، دیگر رسائل و جرائد میں بھی ان کی بعض تحریریں شائع ہوئیں۔ ان کے مقالات اور خطبات کا ایک گراں قدر مجموعہ ''متاع نقد ونظر'' ان کے لائق صاحبزادے اور ہمارے فاضل دوست مولانا ڈاکٹر محمد عارف عمری صاحب سابق رفیق دارالمصنّفین نے مرتب کر کے ادبی دائرہ اعظم گڑھ سے اپریل ۲۰۱۳ء میں شائع کرادیا ہے۔

''متاع نقد ونظر'' کے مضامین ومقالات میں ان کی علمیت، فکر انگیزی، گہرائی وگیرائی، وسعت معلومات بلند آہنگی، زبان وبیان کی پختگی اور ان کے نکھرے ہوئے شستہ وشگفتہ اسلوب نگارش سے کوئی یہ اندازہ نہیں لگا سکتا کہ ان کی بس یہی اکلوتی کتاب ہے۔

مولانا مستقیم صاحب نے جن موضوعات پر قلم اٹھایا ان کا حق ادا کرنے کی کوشش کی، موضوعات کی انفرادیت نے ان کی تحریروں میں بھی انفرادیت اور جاذبیت پیدا کردی ہے، مولانا محمود حسن دیوبندیؒ، حضرت محمد قاسم نانوتوی، سرسید احمد خاں، علامہ شبلی نعمانی، مولانا ابوالکلام آزاد وغیرہ کی شخصیت اور ان کے افکار وخیالات کا ذکر وہ افادی ادب کی بہترین سوغات کے طور پر کرتے ہیں، دیگر موضوعات میں بھی انہوں نے سرسری اظہار خیال نہیں کیا ہے بلکہ تحقیق وتدقیق کے بعد اپنے نتائج پیش کئے ہیں، ان کے علمی مقالات میں 'ہندوستان میں عربی زبان کی اہمیت' بڑا وقیع مقالہ ہے۔ قوم سبا، شخصیت کی پرستی اور بعض دوسرے مقالات بھی اہل علم کی توجہ اپنی جانب مبذول کرالیتے ہیں۔

مولانا مرحوم نے کئی علمی وادبی سمیناروں میں شرکت کی اور تحقیقی مقالات پیش کئے۔ بمبئی یونیورسٹی کے ایک سمینار میں ''مولانا آزاد کا انانیتی ادب'' جیسے منفرد عنوان پر مقالہ پیش کیا جسے اہل علم نے بہت سراہا، اسی طرح ۱۹۹۲ء میں بمبئی یونیورسٹی شعبہ اردو کے سربراہ اور ممتاز اہل قلم پروفیسر عبدالستار دلوی نے یونیورسٹی اور باشندگان اعظم گڑھ کے تعاون سے علامہ شبلی نعمانی کی سیرت وشخصیت اور فکر وفن پر ایک بڑے تاریخی سمینار کا انعقاد کیا تھا، جس میں سید حامد اور علی سردار جعفری جیسے مشاہیر علم وادب کے ساتھ ملک کے

دسیوں ممتاز اہل قلم نے شرکت کی تھی، مولانا مستقیم احسن اعظمی نے اس میں بھی شرکت کی اور ''علامہ شبلی اور تحریک ندوۃ العلماء'' جیسے اہم اور منفرد موضوع پر مقالہ پیش کیا، اسے بھی اہل علم بالخصوص رفقائے دارالمصنفین نے پسندیدگی کی نگاہ سے دیکھا۔ یہ دونوں مقالات مولانا کے مجموعہ مقالات ''متاع نقد و نظر'' میں شامل ہیں۔

دیوبند اور علمائے دیوبند کے تو وہ عاشق زار تھے۔ ان کی شخصیت اور فکر و نظر پر بھی ان کے بعض اہم مقالات شائع ہوئے ہیں۔ غرض منفرد موضوعات پر ان کی بڑی فکر انگیز تحریریں چھپی ہیں جو پڑھنے سے تعلق رکھتی ہیں، ان کی ایک اور تحریر جو مذکورہ مجموعہ میں شامل نہیں ہے وہ ان کے ہم وطن اور مشاعروں کے مشہور شاعر ساغر اعظمی کی شخصیت اور شاعری پر ہے۔ ساغر اعظمی مرحوم ان کے دور طالب علمی کے ساتھی تھے۔ ان کی زندگی اور شاعری پر مولانا نے جو مضمون لکھا ہے وہ شعر و ادب سے ان کی گہری واقفیت کا پتہ دیتا ہے۔ سچ تو یہ ہے کہ ان کی ذات میں ایک بڑا اہل قلم اور مصنف پوشیدہ تھا، مگر حالات کے جبر نے اسے اپنے حصار سے باہر نہیں آنے دیا، اب تک ہمارا یہ خیال تھا کہ یہ المیہ صرف ہمارے عہد کا ہے کہ بعض بڑے لائق اشخاص اپنی تمام تر صلاحیتوں کے ساتھ ان میدانوں سے وابستہ رہے جو ان کے اصل میدان کار نہ تھے، ملکی تناظر میں اس کی سیکڑوں مثالیں پیش کی جاسکتی ہیں، لیکن خاص اعظم گڑھ میں اقبال احمد خاں سہیل، محبوب الرحمٰن کلیم، مرزا احسان احمد اور دیگر نامور اشخاص جن کی علمی و ادبی صلاحتیں کچہری اور وکالت کی نذر ہوئیں قابل ذکر ہیں۔ اسی طرح ہمارے مولانا مستقیم احسن اعظمی کی علمی صلاحیت ان کی تجارت اور جلسوں کی نذر ہوئی، لیکن جوں ہی اللہ تعالی نے انہیں فارغ البالی عطا کی وہ ملت کے کاموں میں ہمہ تن مصروف ہوگئے، وہ کامیاب تاجر رہے ہوں یا نہ رہے ہوں کامیاب رہبر و رہنما ضرور تھے۔

افسوس تم کو میر سے صحبت نہیں رہی

مولانا مرحوم نے علامہ شبلی اور تحریک ندوہ کے متعلق جو مفصل مقالہ بمبئی یونیورسٹی کے سیمنار میں پیش کیا تھا اس کا حاصل یہ ہے کہ

> ''مولانا شبلی کا اپنے موقف پر بہ شدت اصرار محض اس وجہ سے تھا کہ وہ دارالعلوم ندوہ کو تحریک ندوہ کا ماڈل دیکھنا چاہتے تھے، مگر وہاں ان کی مخالفت کا زور اس قدر بڑھا کہ مجبور ہو کر انہوں نے جولائی ۱۹۱۳ء میں دارالعلوم ندوہ کی معتمدی سے استعفاء دیدیا۔ مولانا شبلی کا ندوہ سے علاحدہ ہونا در حقیقت تحریک ندوہ کا خاتمہ ہے اور اسی پر یہ عظیم الشان تحریک ایک مدرسہ کی صورت میں سمٹ کر رہ گئی، جب کہ ایک صدی سے زاید کا عرصہ گذر جانے کے باوجود آج بھی اس کی ضرورت اسی طرح باقی ہے۔ کاش مدفن شبلی دارالمصنفین اعظم گڑھ سے اس کا از سرنو احیا ہو اور زمانہ کے مقتضیات کے لحاظ سے دینی تعلیم کے مراکز میں نئی روح پھونکی جائے۔''
>
> (متاع نقد و نظر، ص ۴۴-۴۵)

مولانا مستقیم احسن اعظمی مرحوم ایک بڑے خطیب اور شعلہ بیان مقرر تھے۔ مجمع پر چھا جانا اور سامعین کے دلوں میں گھر کر لینا ان کی خطابت کی خصوصیات تھیں۔ شاید ہی کوئی ایسا دن گذرا ہوگا جب انہوں نے تقریر نہ کی ہو۔ روزانہ وہ کہیں نہ کہیں تقریر و تقریب میں مصروف رہتے۔ مذہبی تقریبات ہوں یا سیاسی جلسے، شعر و شاعری کی محفلیں ہوں یا اہل علم و کمال کا مجمع، لوکل تنظیمیں ہوں یا باہر سے آئے مہمان، وہ کہیں نہ کہیں خطاب ضرور کر رہے ہوتے، اس میں

انہیں خاص ملکہ حاصل تھا، مجھے بھی متعدد مقامات پر ان کے خطبات کی سماعت کا شرف حاصل ہوا ہے۔ ان کی تقریروں میں جوش وخروش کے ساتھ اخلاص وللہیت کے جذبات بھی پنہاں ہوتے تھے۔ بیان میں ایسا ربط وتسلسل، گفتگو میں ایسی ترتیب وتنظیم اور اپنی بات کہنے کا ایسا عمدہ سلیقہ انہیں آتا تھا کہ ان کی باتیں نہ صرف دل کو چھو جاتی تھیں بلکہ سیدھا دلوں میں اتر جاتی تھیں۔ ان کی آواز بھی ایک خطیب ومقرر کی آواز تھی، جس میں کھن گرج اور بلا کی کشش تھی، افسوس وہ آواز اب ہمیشہ کے لئے خاموش ہوگئی۔

مولانا کے مجموعہ مقالات متاع نقد ونظر میں ان کے تین تاریخی خطبات بھی شامل ہیں، چونکہ یہ خطبات انہوں نے کتابچہ کی صورت میں شائع کرائے تھے، اس لئے محفوظ رہے اور کتاب کی اشاعت کے وقت شامل کر لئے گئے، ورنہ سیکڑوں اہم خطبات ایسے بھی تھے جو محفوظ کرنے لائق تھے لیکن کون محفوظ کرتا، چنانچہ وہ ضائع ہوگئے، البتہ بہت سے خطبات آڈیو اور ویڈیو سے اب بھی محفوظ کئے جاسکتے ہیں، ان کا محفوظ ہونا اس لئے بھی ضروری ہے کہ وہ ملک وملت کے لئے مفید تو ہیں ہی خود مولانا ئے مرحوم کے جوہر اصلی کا نمونہ بھی ہیں، جن کی تاثیر جلد ختم ہونے والی نہیں ہے۔

''متاع نقد ونظر'' میں مولانا مرحوم کا وہ خطبہ خاص طور پر لائق مطالعہ ہے جو انہوں نے آزادی کی پچاسویں سال گرہ کے موقع پر دیا تھا اور جس میں آزادی وطن کے لئے خاص طور پر مسلمانوں کی جدوجہد کا بڑے موثر انداز میں ذکر ہوا ہے۔

مولانا مستقیم احسن اعظمی کا دائرہ اثر بے حد وسیع تھا، اس میں بڑوں کی محبت اور عزت واحترام کے ساتھ چھوٹوں اور عزیزوں پر شفقت ومروت بھی شامل ہے۔ وہ جہاں اپنے بچپن کے احباب اور معاصرین سے ٹوٹ کر ملتے، اپنے اساتذہ کا ادب واحترام کرتے، وہیں ہر ملنے والے کا پاس ولحاظ کرتے اور سب کے ممکنہ تعاون کے لئے ہمہ وقت تیار رہتے تھے۔

ہر سال ملک کے مختلف خطوں اور علاقوں سے مدارس کے ذمہ داران اور ان کے وفود آتے، ان کا تعاون کرنا اور کرانا مدۃ العمران کا مشغلہ رہا۔ مسلمانوں پر آنے والی وقتی آفات اور ان مسائل ومشکلات میں بھی لوگ ان سے رابطہ کرتے اور وہ ان کے کام آتے۔ جمعیۃ علماء سے وابستہ ہونے کے سبب اس وسیع حلقہ کے افراد تو آتے ہی تھے، ان کے ظرف وحوصلہ اور فراخ دلی کے سبب دوسرے حلقوں کے افراد بھی ان سے تعاون کے طلب گار ہوتے اور مولانا مرحوم ان کے بھی کام آتے۔ ان کے نزدیک افراد سے زیادہ کام کی اہمیت تھی۔

دارالمصنّفین شبلی اکیڈمی کا ایک وفد جو مولانا شاہ معین الدین احمد ندوی کے زمانہ میں سید صباح الدین عبدالرحمٰن اور بعض دوسرے اشخاص کے ساتھ بمبئی گیا تھا، اس موقع پر انہوں نے بھی ہر ممکن تعاون کیا اور ایک رقم دے کر خود بھی دارالمصنّفین کے لائف ممبر بنے۔ ۲۰۱۱ء میں پروفیسر اشتیاق احمد ظلی کے دور نظامت میں دارالمصنّفین کا وفد دوبارہ گیا تھا، جس میں یہ ناچیز بھی شامل تھا تو مولانا مرحوم اور ان کے لائق صاحبزادے مولانا ڈاکٹر محمد عارف عمری صاحب ہفتوں ہمارے ساتھ رہے اور ہر ممکن تعاون کیا، اور اہل خیر سے ملاقات اور تعاون میں کوئی دقیقہ اٹھا نہیں رکھا، اس موقع پر انہوں نے دارالمصنّفین شبلی اکیڈمی اور ماہنامہ معارف کے متعدد لائف ممبر بنوائے اور اپنے دونوں بیٹوں مولانا محمد عارف عمری اور محمد طارق احسن اصلاحی کو بھی لائف

ممبر بنوایا۔ حق تو یہ ہے کہ

ایسا کہاں سے لاؤں کہ تجھ سا کہوں جسے

کے مصداق وہ ایک انتہائی منفرد شخصیت کے مالک تھے۔

وہ ہر جگہ، ہر محفل و مجلس اور ہر بزم میں عام لوگوں کی طرح رہتے۔ کہیں ترفع، برتری اور اپنی شخصیت کی وجاہت وبلندی کا اظہار نہ کرتے۔ حقیقت یہ ہے کہ ان میں پندار اور نام ونمود کی خوبو نام کو بلکہ رتی برابر نہ تھی۔ عوامی زبان میں وہ بہت سہل تھے، جو جب چاہے مل سکتا تھا اور اپنی بات کہہ سکتا تھا، اسی شہر ممبئی میں اعظم گڑھ کے اور بھی متعدد صاحب مال ودولت ہیں، بڑے بڑے مناصب پر فائز ہیں، کون ان سے بسہولت مل سکتا ہے۔؟

مولانا مرحوم کے چند اہم تعلیمی کاموں میں خود اس مدرسہ شیخ الاسلام شیخوپور کی تعمیر وتشکیل جدید بھی شامل ہے، جس میں انہوں بسم اللہ کی تھی، گاؤں کے مخیرّ اور احباب کے تعاون سے انہوں نے اس معمولی مکتب کو جسے قاری محمد عظیم صاحب نے قائم کیا تھا اپنی کوششوں سے ایک بڑے مدرسہ کی صورت عطا کی۔ ان کا اور ان کے احباب اور شیخوپور کے اہل دل کا یہ فیضان صدقہ جاریہ کی صورت میں ان کے لئے ہمیشہ نفع بخش ثابت ہوگا۔

مولانا مرحوم ناچیز کو بھی بہت عزیز رکھتے تھے، میں جب بھی ان سے ملا محبت واپنائیت کا عجب احساس پیدا ہوا۔ کئی جلسوں اور پروگراموں میں ان کے ساتھ رہنے کا اتفاق ہوا، ان کے حسن سلوک دیکھے، مہر ومروت کے جذبات اور دست شفقت دیکھے، تقریر و خطابت کے جلوے دیکھے، مگر حمید دلوائی مرحوم کے ایک جلسے میں جو آزاد میدان منعقد ہوا تھا، اس مولانا نے جو برجستہ تقریر کی تھی وہ اب تک یاد ہے اور ذہن میں گردش کرتی رہتی ہے۔

وہ خلوص ومحبت کا دریا تھے۔ اپنے چھوٹوں کو آگے بڑھانے اور ان کی حوصلہ افزائی کا انہیں خاص ہنر آتا تھا بلکہ اس معاملہ میں وہ ایک بڑے حکیم اور نباض شخص تھے۔ اس کے بعض مظاہر میں نے اپنی آنکھوں سے دیکھے ہیں اور بعض کا تعلق خود میری اپنی ذات سے بھی ہے۔ انہوں نے کئی بار عطر کے جو تحفے دئے ان کی خوشبو سے دل ودماغ اب تک معطر ہیں اور سچ تو یہ ہے کہ خوشبو کی یہ سوغات ان کے لئے مغفرت اور بلندی درجات کی دعا بن کر ہمیشہ مہکتی رہے گی۔

جولائی ۲۰۱۶ء میں جب میری بائی پاس سرجری بمبئی کے گلوبل ہاسپٹل میں ہوئی تو وہ مجھ جیسے معمولی شخص کی عیادت کے لئے پہلے اسپتال اور پھر گھر دونوں جگہ تشریف لائے۔ خوب خوب دعائیں دیں اور جب میں چھ ماہ بعد دوبارہ بمبئی گیا اور ان سے ملاقات کی تو بے حد خوش ہوئے اور دیر تک دعائیں دیتے رہے۔ ان کی سب سے اہم دعا یہ تھی کہ ابھی آپ کو اور بہت سے علمی وتصنیفی کام کرنے ہیں، الحمدللہ ان کی یہ دعا قبول ہوئی اور اس کے بعد دسیوں کتابیں ناچیز کے قلم سے منظر عام پر آئیں۔ افسوس اب اس سایہ دار شجر کی چھاؤں ہمارے سروں پر نہیں رہی۔

میرے علمی وتصنیفی کاموں کے وہ بڑے معترف اور مداح تھے، ناچیز کی بعض کتابیں ان کے زیر مطالعہ بھی رہیں۔ ان کی تحسین معمولی تحسین نہیں ہوتی تھی بلکہ وہ خود غیر معمولی شخص تھے اور ان کی تحسین وستائش بھی غیر معمولی ہوتی تھی۔ حقیقت یہ ہے کہ ان بزرگوں کی تعریف وتحسین سے جی خوش ہوجاتا تھا اور مزید کام کرنے کا عزم وحوصلہ پیدا ہوتا تھا۔ ان کی وفات سے جو خلا پیدا ہوا ہے وہ جلد پر نہ ہو سکے گا۔ اللہ تعالی ملت اور ہم سب کو ان کا نعم البدل عطا فرمائے اور ان کے درجات بلند فرمائے۔ آمین

سید عظمت اللہ بیابانی-حیدرآباد

ایک گمنام مجاہدِ آزادی

عوام کی رہبری کے لئے قدرت کے ایسے انتظامات ہوتے ہیں جسے ہر ایک کے سمجھنے کی بات نہیں۔ کبھی جو میر کارواں ہوتا ہے، وہ غیر معمولی قوتوں کا پیکر ہوتا ہے تو کبھی ایک مور ِ ناتواں کی حیثیت والا۔ جغرافیائی حالات بادشاہوں اور حکمرانوں کے برتاؤ سے بھی کچھ شخصیات جگہ بدلنے میں آ رہیں سمجھتے۔

ایک بزرگ اعظم جن کو سید دادا پیر بیابانی قادری چشتی کے نام سے جانے جاتے ہیں، اپنے وطن بیجاپور میں قیام کے دوران مراٹھا حکمران کی جنگی صعوبتوں کو دیکھتے ہوئے اپنی اولاد کو بیجاپور سے علاقۂ بیگن پلی جو اب علاقہ کرنول جو آندھرا پردیش میں ہے، بھجا دئے۔ بیجاپور میں اس بزرگ ہستی کے کئی کارنامے مشہور ہوئے جو بلا مذہب وملت ان کی قدر و قیمت کرتے تھے۔ دینی و مذہبی تعلیم عام کرنے میں اس بزرگ کا بہت بڑا حصہ رہا۔ خاص طور سے ان تعلیمات کا اثر گھریلو افراد کو زیادہ فائدہ پہنچایا۔ چھوٹے چھوٹے نصیحت آمیز مواد سے لوگوں کو فیض پہنچایا۔ پرانی کتابیں جو لائبریریوں میں میسر ہیں ان میں چکی نامہ، لوری نامہ اور طرح طرح کے گیت مشہور ہیں۔

ان بزرگ کی اولاد سے حکیم سید غوث پیر بیابانی قادری چشتی اپنے والد بزرگوار کے نقشِ قدم پر چلتے ہوئے دین کی اشاعت میں مشغول ہوئے۔ دینی خدمت کے ساتھ ساتھ سماجی خدمت کو ہاتھ سے نکلنے نہیں دیا۔ کئی کئی جان لیوا بیماریوں کو آپ نے اللہ اور رسول ﷺ کی تعلیمات سے شفا بخشی۔ آپ ''اللہ شافی'' کے نام سے مشہور ہوئے۔ آپ کی حکمت اور شفا کی خبر دور دور تک پہنچی جس کے نتیجے میں آپ ہندوستان کے دور دراز علاقوں تک کا سفر اختیار کیا۔ بیگن پلی میں رہنے کے دوران اس وقت کے حکمران کی ناسازیٔ طبیعت کے سلسلے میں حکیم صاحب کو

کمبم (Cumbum) جو موجودہ ضلع پرکاشم، آندھرا پردیش میں ہے، کا سفر کرنا پڑا۔

کمبم مقام اُن دنوں مسلم حکمرانوں اور غیر مسلم حکمرانوں کی تہذیب وتمدن میں گھرا ہوا تھا۔ آپ اپنے اعلیٰ اوصاف کی وجہ سے بہت سارے لوگ آپ کے حلقہ میں آنے لگے۔ یہ وہ مقام ہے جہاں ایشیا کا دوسرے نمبر کا سب سے بڑا انسانی مدد سے بنا ہوا تالاب ہے جو تقریباً سات کلو میٹر لمبا اور ساڑھے تین کلو میٹر چوڑا احاطہ میں پھیلا ہوا ہے۔ اس میں تقریباً سات چھوٹے چھوٹے پہاڑ بھی ہیں۔ اس کا باندھ (Anicut) وجے نگر کی شہزادی جو سری کرشنا دیوارایا کی ملکہ تھی، نے بنوایا۔ اس شہزادی کے والدین اڑیسہ کے گجاپتی حکمران تھے۔ اس تالاب کی وجہ سے اس علاقہ میں زراعت کافی زوروں پر تھی۔

یہ بزرگ وقفہ وقفہ سے کمبم کے باسیوں کی بڑے پیمانے پر ضیافت کرتے تھے۔ انہوں نے دیکھا کہ لوگوں میں تعلیمی رجحان میں کمی پائی جا رہی ہے۔ اس لئے انہوں نے اپنے بڑے فرزند ارجمند کو تعلیم کی طرف متوجہ کیا۔ اس نونہال کا نام سید محی الدین قادری بیابانی جو آگے چل کر مولانا سید محی الدین بیابانی رفاعی قادریؒ کے نام سے جاننے جانے لگے۔

مولانا کی پیدائش ۳؍ اگست ۱۸۸۵ء کو علاقۂ کمبم میں ہوئی۔ آپ دینی تعلیم کے ساتھ ساتھ جدید تعلیم میں بھی مہارت حاصل کرنا شروع کیا۔ آپ کی ابتدائی تعلیم کمبم اور کرنول میں

ہوئی۔آپ کے والد کا ہمیشہ شفقت کا سایہ اُن پر رہا۔ اسی وجہ سے آپ مولانا بیابانی کہلانے لگے۔ والد محترم کی پدرانہ شفقت اور عوام الناس کا اپنے والد محترم کا احترام مولانا کو سمجھنے میں بہت مدد کی۔ان میں عوام کی خدمت کا ولولہ خیز ہوا۔انہوں نے تہیہ کر لیا کہ ہر طرح سے عوام کی خدمت کی جائے۔ یہ وہ زمانہ ہے جب انگریزوں کی دراندازی اور راجے رجواڑوں کا دبدبہ تھا۔

مولانا بیابانی نے اپنی گریجویشن کی تعلیم مشہور زمانہ مدراس کی پریسیڈنسی کالج سے کیا۔ یہ کالج کے پہلی بیاچ کے سونے کا طمغہ حاصل کرنے والے ہونہار طالب علم تھے۔آپ کی تعلیمی قابلیت سے متاثر ہو کر کئی قدردانِ ملت آگے پڑھنے کی خواہش ظاہر کی۔ آپ نے محمڈن اینگلو اورینٹل کالج، علی گڑھ سے وکالت کی ڈگری حاصل کی۔ یہ وہ زمانہ ہے جب کہ آزادی کی کشمکش زوروں پر تھی۔قابل قدر بزرگوں کا ساتھ رہا۔مولانا کی تعلیمی قابلیت کو دیکھتے ہوئے ان کو ڈپٹی کلکٹر شپ کا عہدہ پیش کیا گیا جس کو مولانا نے ''انگریزوں کی غلامی نہیں کروں گا'' اور اس وجہ سے پیش کش کو ٹھکرا دیا۔

مولانا سید شاہ محی الدین قادری بیابانی ایک گمنام مجاہد آزادی ہند ہیں۔ آزادئ ہند کے سلسلہ میں اِن کی کارگزاری کو انگریزوں نے گیارہ ماہ کی سزا سنائی۔ یہی نہیں کئی بار آپ کو جیل جانا پڑا۔ ہندوستانی قومی تحریک کی طرف راغب ہونے میں ڈاکٹر ذاکر حسین کا بہت بڑا اثر رہا۔ آپ کو کئی زبانوں پر عبور تھا۔ جب آپ جیل کی سزا کاٹ رہے تھے، اُس وقت مولانا ابوالکلام آزاد کے ساتھ جیل میں رہنا پڑا۔ دورانِ سزا جب مولانا ابوالکلام آزاد قرآن شریف کی تفسیر لکھ رہے تھے، اس وقت مولانا بیابانی صاحب نے الفاظ کی صحت اور اس کے محل وقوع کے لحاظ سے جچتے ہوئے الفاظ کو منتخب کرنے میں اُن کی مدد کی۔ مولانا ابوالکلام آزاد عربی اور فارسی کے ماہر تھے اور عام فہم اردو الفاظ کی جو عام آدمی کی سمجھ میں آسانی سے آسکے، مولانا بیابانی نے اس کام کے انجام دینے میں اپنی خدمت پیش کی، آپ چونکہ کانگریس کے رکن ہوئے، ملت کے جماعت علماء ہند کے صدر بھی رہے۔ آپ B.A.B.L کے علاوہ مولوی کامل بھی تھے۔ آپ کی خدمت کو سراہتے ہوئے اُس وقت کے کانگریس کے قدآور شخصیتوں (لیڈران) اُن کے گھر آکر ان سے ملا کرتے تھے۔ مولانا بیابانی صاحب کی جتنی بھی زینات اُن کے قبضے میں تھیں، وہ ہم وطن غریبوں میں بانٹ دیں۔

مولانا بیابانی صاحب ایک نامور شخصیت ہونے کے باوجود ہر غریب اور عام افراد سے خندہ پیشانی سے ملا کرتے تھے۔ تعلیم کو عام کرنا ان کا مقصد تھا۔ ''بھوکے رہنا لیکن پڑھائی نہیں چھوڑنا'' یہ ان کا منتر تھا۔ انہوں نے اپنے بھائیوں کو بھی تعلیم سے جوڑنے میں بہت اصرار کیا۔ اللہ اور رسول ﷺ کے احکامات کو بجالاتے ہوئے تعلیم کا حصول لازم قرار دیتے تھے۔ آپ اتنی اعلیٰ تعلیم حاصل کرنے کے باوجود اور ڈپٹی کلکٹر شپ کی جائیداد کو ٹھکرانے کے باوجود ایک ممبر آف لجسلیٹیو کونسل کے کامیاب رکن رہے۔ اس کا ثبوت مدراس کی گزٹ میں مل سکتا ہے۔ انہوں نے تعلیم نسواں پر بہت زور دیا۔ کڑپہ، کرنول کے علاقہ کو زرخیز بنانے کے لئے کونسل میں کئی بار آواز اٹھائی۔ آپ کا پیرہن ایک معمولی سی شیروانی اور سر پہ ہرا شملہ تھا۔ یہ اس بات کی علامت تھی کہ وہ ایک اونچے درجے کے پیر سے نسبت رکھتے ہیں۔ آپ قوم کی خدمت میں بغیر کسی امتیاز ہر متنفس کی مدد کرنے میں آگے رہتے تھے۔ ایک بات قابل غور ہے کہ وہ قدآور لیڈروں کے ساتھ رہا کرتے تھے، لیکن ایک تصویر بھی ایسی نہیں جس میں وہ ان قدآور لیڈروں کے ساتھ ہوں۔ آپ تصویر کشی کو ایک ممنوعہ عمل سمجھتے تھے۔ جیسا آپ نے انگریزوں کی پیش کردہ ڈپٹی کلکٹر شپ کو ٹھکرا دیا، اسی طرح انہوں نے انگریزوں کا دیا ہوا خطاب ''خاں بہادر'' استعمال کرنے سے گریز کیا۔ ان کی شخصیت اتنی مشہور ہو چکی تھی کہ خطوط صرف ''مولانا بیابانی'' کے نام سے ایک جگہ سے دوسری جگہ پہنچا کرتے تھے۔

مولانا بیابانی کا ذکر خیر چند مقامی تلگو اخبارات اور مدراس کے کچھ تامل اخبارات میں، اس کے علاوہ کلکتہ کے اردو اخبارات میں ہلکی سی جھلک پیش کی۔ انہوں نے ۱۱؍اکتوبر ۱۹۶۹ء کو آخری سانس لی۔ مولانا بیابانی کی شخصیت ایک گمنام مجاہد آزادئ ہند کی سی ہی ہے۔

سید علقمہ عرشی۔ بنارس (یوپی)

''سفیر اردو'' گوپی چند نارنگ

دنیا میں کچھ ہستیاں ایسی پیدا ہوتی ہیں جن کے نام اور ادبی کارنامے ایسے ہوتے ہیں کہ جب تک زبان اور ادب زندہ ہے۔ان کے نام اور کارناموں پر گفتگو جاری رہے گی۔ انہیں عظیم ہستیوں میں ایک نام پروفیسر گوپی چند نارنگ کا ہے: گوپی چند نارنگ 11 فروری 1931 کو دگی بلوچستان میں پیدا ہوئے جہاں ان کے والد دھرم چند نارنگ افسر خزانہ تھے۔

ہائی اسکول کی تعلیم کے بعد دہلی آ گئے یہاں 1954 میں دہلی کالج سے اردو میں ایم اے کیا اسی سال انہوں نے فارسی میں آنرس بھی کیا 1958 میں دہلی یونیورسٹی سے ڈاکٹریٹ کے بعد وہ سینٹ اسٹیفز کالج میں لیکچرر ہو گئے۔

کچھ مدت بعد ان کا تقرر شعبہ اردو دہلی یونیورسٹی میں ہو گیا۔ اس کے بعد کئی اور یونیورسٹی سے وابستہ رہنے کے بعد جامعہ ملیہ اسلامیہ میں وہ 1974 میں اردو کے پروفیسر اور صدر شعبہ اردو مقرر ہوئے۔ جولائی 1984 میں دہلی یونیورسٹی کی پیشکش پر سینیئر پروفیسر اردو کی حیثیت سے واپس آ گئے اور وہیں سبکدوش ہوئے۔

وہ ساہتیہ اکادمی کے صدر اور قومی کونسل برائے فروغ اردو زبان کے وائس چیئر مین بھی رہے۔

انہیں اتر پردیش سرکار کی طرف سے غالب پرائز اور نیشنل کونسل آف ایجوکیشنل ریسرچ اینڈ ٹریننگ کا قومی ایوارڈ دیا گیا۔ 1985 میں ہندی ساہتیہ کمیٹی کا اعلی ایوارڈ اور 1986 میں غالب ایوارڈ دیا گیا۔

اس سے پہلے انہیں صدر پاکستان کی جانب سے خصوصی تمغہ امتیاز بھی عطا کیا گیا۔ 1991 میں صدر جمہوریہ ہند نے انہیں پدم شری کے اعزاز سے سرفراز کیا۔ پروفیسر گوپی چند نارنگ اردو کے ممتاز ادیب اور دانشور ہیں۔ تنقید، تحقیق اور لسانیات تینوں ان کی دلچسپی کے میدان ہیں۔ وہ پچاس سے زائد کتابوں کے مصنف اور مؤلف ہیں۔ ان کی کتابوں میں ہندوستانی قصوں سے ماخوذ اردو مثنویاں، اسلوبیات میر، امیر خسرو کا ہندی کلام نیز مرتبات میں اردو افسانہ روایت اور مسائل، اقبال کا فن اور اردو مابعد جدیدیت پر مکالمہ قابل ذکر ہیں۔

گوپی چند نارنگ کی تصنیفات و تالیفات نے اردو ادب میں روح پھونک دی ہے۔ اور ان کا ادبی سرمایہ اردو ادب میں ایک بے بہا اضافہ ہے۔ اس بات سے بھی انکار نہیں کیا جا سکتا ہے کہ اس جدید دور میں اردو کی نئی بستیوں کو آباد کرنے میں انہوں نے اہم رول ادا کیا ہے۔

گوپی چند نارنگ کی ادبی خدمات اردو کی تاریخ میں ایک مکمل باب ہے۔ گوپی چند ان لوگوں سے سخت نفرت کرتے تھے جو اردو زبان کو تعصب کی نگاہ سے دیکھتے تھے یا اردو ہندی کو دو الگ زبان مانتے تھے۔ گوپی چند نارنگ اس نظریے کے حامل تھے کہ اردو الگ سے کوئی زبان نہیں ہے بلکہ ہندوستانی زبان کے مجموعے کا نام اردو ہے۔

ان کی تحریروں میں ان کا نظریہ صاف جھلکتا ہے۔ گوپی چند نارنگ لکھتے ہیں ''کون نہیں جانتا جب نئی تاریخی حقیقتیں ابھرتی ہیں تو نئے سماجی تقاضے پیدا ہوتے ہیں اور نئی سچائیاں وجود میں آتی ہیں۔ اردو ایسی ہی ایک سچائی ہے لسانی، سماجی،

اور تہذیبی سچائی جو ہندوؤں اور مسلمانوں کے صدیوں کے سابقے اور اختلاط وارتباط سے وجود میں آئی۔اس وقت اس کا کوئی نام نہیں تھا۔کوئی بھی سچائی جب جنم لیتی ہے اس کا کوئی نام نہیں ہوتا ہے۔سچائیوں کو نام اس وقت ملتا ہے جب وہ خانہ زاد ہوجاتی ہیں۔

پراکرتوں کی دھرتی سے جب نیا اکھوا پھوٹا اور اس میں عربی، فارسی ترکی اثرات کا پیوند لگا تو اس کا کوئی بھی نام نہیں تھا۔ ہند یعنی ہندوستان کی ہر چیز ہندی تھی فارسی یائے نسبتی کے ساتھ اس طرح ہر زبان ہندی تھی۔امیر خسرو نے اسے ہندوی بھی کہا ہے اور دہلوی بھی"

گوپی چند نارنگ نے جس انداز سے اردو کا شجرہ بیان کیا ہے معلوم ہوتا ہے کہ وہ کسی بھی طریقے سے اردو کو الگ زبان ماننے پر تیار نہیں ہیں...

ایک دوسری جگہ اردو کی سند بیان کرتے ہوئے گوپی چند لکھتے ہیں کہ "جب راگ رنگ کی محفلوں میں اس کے نغمے سماں باندھنے لگے تو اسے ریختہ بھی کہا گیا۔دکن اور گجرات پہنچی تو دکنی اور گجری کہلاء، پھر کسی نے اردو کہا، کسی نے ہندی، کسی نے کھڑی، بنیاد وہی ایک راہیں الگ الگ ہوگئیں۔نام سے کیا ہوتا ہے لیکن یہاں نام ہی سے فاصلے بڑھتے اور دوریاں ہوتی گئیں"

گوپی چند اردو زبان کی محبت کے صرف حامی نہیں تھے بلکہ اردو کو جینے کا سلیقہ اور سوچنے کا طریقہ مانتے تھے ان کا ماننا تھا کہ اردو محض زبان نہیں، ایک طرز زندگی، ایک اسلوب زیست بھی ہے۔ ویسے بھی اگر غور کیا جائے تو معلوم ہوتا ہے کہ اردو کو محض اردو کہنا اسے محض ایک زبان کہنا اردو کے ساتھ بے انصافی ہی نہیں پوری ہندوستانی تہذیب برسوں کی تاریخ باہمی میل ملاپ اور ہندوستانی باشندوں کے دلوں میں بسنے والے خوابوں، امیدوں، امنگوں اور ولولوں کی توہین بھی ہے۔

گوپی چند ایک انٹرویو کے ضمن میں فرماتے ہیں کہ "میں اردو کا خادم ہوں، اردو میری ضرورت ہے، میں اردو کی ضرورت نہیں۔ میں ان لوگوں میں سے ہوں جو کسی بھی کام کو شہرت کے لئے نہیں کرتے۔اگر لوگ میری باتوں پر دھیان دیتے ہیں یا جو کچھ میں کہتا ہوں اس کا کچھ نا کچھ اثر ہوتا ہے تو یہ میرے قارئین کی محبت ہے۔ اردو سے میرا معاملہ عشق کا ہے اور عشق میں سود وزیاں نہیں ہوتا"

پروفیسر گوپی چند نارنگ کی اردو دوستی اور نا قابل فراموش ادبی خدمات کو ہمیشہ یاد رکھا جائے گا اور اسے سنہرے حروف میں رقم کیا جائے گا....